CINÉMA DE PALESTINE

CINÉMA DE PALESTINE
UN LIVRE DU CLUB LUMIÈRE

© 2025 CLUB LUMIÈRE
Édition : BoD · Books on Demand, 31 avenue Saint-Rémy,
57600 Forbach, bod@bod.fr
Impression : Libri Plureos GmbH, Friedensallee 273,
22763 Hamburg (Allemagne)

ISBN : 978-2-3225-7298-4
Dépôt légal : Mars 2025

SOMMAIRE

Avant-propos   1

Editorial : Cinéma palestinien, images de la Palestine   4

Elia Suleiman : la Palestine mondiale   7

La Palestine à l'aube du XXIe siècle. À propos de Chronique d'une disparition (1996) et Cyber-Palestine (2000) – p. 8
La Palestine est un monde. À propos d'Intervention divine (2002) et It Must Be Heaven (2019) – p. 14

Cinéma palestinien, patrimoine des luttes   19

Mustafa Abu Ali : le cinéma comme arme populaire – p. 20
Leila et les loups de Heiny Srour (1984) : recomposer – p. 28
Ismail Shammout : un peintre-cinéaste – p. 35
Paradise Now de Hany Abu Assad (2005) : La violence d'un corps pour exister – p. 42

La Palestine aujourd'hui, cinéma mutilé   47

Exil. À propos de To a land unknown de Mahdi Fleifel – p. 48
Entretien de Elletra Bisogno et Hazem Alqaddi (The Roller, The Life, The Fight) – p. 51

Regards sur la Palestine   61

Ici ou ailleurs ? Des luttes cinématographiques occidentales contre l'impérialisme et de leurs distances – p. 62
L'archive contre l'effacement. À propos de Loot and Hidden : Palestinian Archives in Israel (2018) – p. 73
Children Nevertheless (1979) et Women in struggles (2005) : la résistance pour et par les femmes – p. 82

Le *Club Lumière* est une association de loi 1901 créée le 28 février 2022 par Julien Zerovec et Eliot Barbier à Besançon. Avant d'acquérir ce statut, ce regroupement de cinéphiles existait déjà depuis 2020. Ainsi, depuis cinq ans, les membres de ce club créent et développent divers projets, tous en lien avec le cinéma : rédaction d'articles, d'interviews, de critiques, réalisation de vidéos et de courts-métrages, organisation et animation de projections, etc.

Avant-propos

Organiser, faire vivre et prendre part à une vie associative, quelle qu'elle soit et quelle qu'en soit la forme, est déjà un acte politique. En choisissant cette forme d'engagement, tous les acteurs qui œuvrent aux activités du *Club Lumière* participent à un certain militantisme. Ce dernier devient engageant autant qu'engagé lorsque, comme nous le faisons, nous le mêlons à l'art. Je parle ici du cinéma. Moins manifeste que d'autres, ce militantisme reste pour nous notable lorsque toute culture colonisée, opprimée, se voit menacée. Le cinéma fait partie de ces rares médias qui peuvent permettre de témoigner d'une société, d'une époque, d'un peuple, et donc de devenir une certaine forme de mémoire. Parce que les cultures sont vulnérables, a fortiori en temps de guerre, il est de notre devoir, même à notre humble échelle, de les préserver et de les rendre accessibles au plus grand nombre. Nous ne pesons pas bien lourd ni dans le monde culturel, ni dans le monde associatif, encore moins peut-être dans celui des associations de cinéphiles. Nous nous sentons pourtant pleinement concernés par le monde qui nous entoure et par les combats à y mener. Il s'agit en l'occurrence de garantir la représentation, le respect et la documentation de peuples opprimés.

C'est ici le sujet : le peuple palestinien se meurt et trop peu d'aides, d'actions et de solidarités prennent vie. L'inaction à laquelle nous assistons, qu'elle provienne de gouvernements ou même d'artistes, ne nous convient pas. Pire, elle nous fait honte.

C'est dans cette optique et cet état d'esprit que, collectivement, nous avons pris la décision d'agir. Nous voulions mettre en place une action dans laquelle nous serions le plus à l'aise et légitimes pour écrire. Il s'agit alors forcément de cinéma. Manquant encore de stature dans le milieu, écrire sur notre site et sur nos réseaux sociaux en faveur de cette lutte ne nous semble pas suffisant. Après la première expérience que représentait *La Revue Lumière*, le format papier nous paraît être la meilleure option pour marquer durablement nos propos, mais également pour générer des recettes financières en lien avec ce projet. Nous ne voulons pas uniquement apporter un soutien moral à la cause, nous voulons également apporter un soutien matériel. Ainsi, l'entièreté des bénéfices que produiront les ventes de ce livre sera destinée au *Secours Islamique France* (SIF), l'une des quelques ONG qui, sur place, aide la Palestine et ses habitants.

Nous avons pensé ce livre afin d'avoir un prix le plus abordable possible, ne discriminant personne socialement, mais générant un bénéfice le plus conséquent possible pour la cause. Dans une volonté de transparence, nous vous détaillons ici succinctement les chiffres les plus importants. Pour l'achat de chaque livre, un bénéfice oscillant entre 2,18€ et 3,27€ se dégage. Ce chiffre fluctue en fonction du point de vente concerné durant l'achat car plusieurs sites revendeurs vous proposeront l'acquisition de ce livre, et les marges induites par ces derniers ne sont pas les mêmes partout. Comme dit précédemment, le *Club Lumière* ne gardera pas d'argent issu de ces ventes, tous les bénéfices seront reversés intégralement au *SIF*. Pour aller plus en détail et garantir une meilleure transparence, une page sur notre site internet a été créée pour l'occasion. Vous pourrez y retrouver nos motivations, nos choix dans la réalisation de ce projet mais aussi et surtout tous les chiffres actualisés liés à la vente de cet ouvrage et les dons transférés par la suite au *Secours Islamique France*.

Il convient de terminer ces quelques lignes par des remerciements adressés à vous, acquéreurs de ce livre, qui, grâce à cet achat, contribuez financièrement à l'envoi d'une modeste et petite (parce que les maux trop grands) aide en direction de Gaza. D'une certaine façon, nous pourrions conclure en disant que vous entrez avec nous dans ce militantisme qui, par le cinéma, lutte, résiste et fait mémoire de tout un peuple. Bravo et bienvenue parmi nous, mais le combat continue. Malgré le récent cessez-le-feu, la solidarité doit continuer à se faire forte. Le peuple palestinien demeure profondément meurtri par les derniers mois et reste en proie à une précarité matérielle immense. N'oublions jamais, ne détournons pas notre attention de cette cause. Continuons d'en parler, de donner de la visibilité à leur souffrance. Divers moyens de venir en aide à la Palestine existent, notamment en participant à des cagnottes ou en faisant un don directement aux ONG impliquées dans l'aide humanitaire que ce soit à Gaza ou en Cisjordanie.

Julien Zerovec
Président du *Club Lumière*

Éditorial : Cinéma Palestinien, images de la Palestine

Alors que le cycle de violences extrêmes auquel font face les Palestiniens depuis le 7 octobre 2023 s'est intensifié et généralisé, alors que les voies et les voix favorables à la paix – une paix authentique, durable et juste – apparaissent de plus en plus inaudibles, il est de la responsabilité de chacun de ne pas céder à l'inertie. La quotidienneté des images, leur banalisation, les pressions politiques et sémantiques peuvent contraindre à l'évanouissement. La cause des Gazaouis et des Palestiniens de Cisjordanie, d'Israël et de la diaspora serait alors condamnée à un drôle d'oubli : omniprésente, elle en deviendrait dans le même temps routinière. On manifeste, on occupe des universités, on s'insurge devant de nouvelles images morbides : trop tard, le sujet s'est déjà dilué dans le quotidien du flux informationnel. Ne pas céder à la fatalité. Le cessez-le-feu n'est qu'une parenthèse bienvenue au sein d'une violence pluridécennale. L'autodétermination du peuple palestinien, son droit à la vie, à l'émancipation ; la fraternité entre les peuples ne seront jamais des combats d'arrière-garde.

Parler de cinéma palestinien ; s'intéresser aux images de la Palestine d'hier comme d'aujourd'hui, c'est déjà crever l'abcès. Tout n'a pas commencé le 7 octobre 2023, et les trop nombreuses correspondances évidentes entre les images de ces dernières décennies ne peuvent supporter l'affront d'un tel argumentaire. Parler de cinéma palestinien, c'est aussi – peut-être surtout – réhumaniser un peuple réifié. Derrière les statistiques, derrière les Unes de journaux, derrière les épithètes grossières répétées sur les plateaux de télévision, il y a des hommes et des femmes, capturé.es là par une caméra documentaire, incarné.es ici par le scénario d'une fiction, défendu.es là encore par la propagande d'une organisation de libération ou d'un sympathisant de la cause.

Le cinéma est une innovation de l'ère industrielle-bourgeoise. En tant que tel, le procédé qui permet d'enregistrer des images du monde et de les projeter ensuite s'est très bien accommodé de l'injustice et de l'arbitraire des dominations. Ce sont les caméras de surveillance des prisons – *Prison Images* (Harun Farocki, 2000) – ou celles des machines de mort pilotées à distance au service des puissances impérialistes – *Il n'y aura plus de nuit* (Eléonore Weber, 2020). S'intéresser au cinéma des opprimés, c'est aussi œuvrer à la réhabilitation d'un art et d'une technique et ne pas se résoudre à ce qu'ils soient confisqués par une puissance coloniale et raciste. Les images, on l'a vu ces derniers mois, sont au cœur des projets les plus destructeurs. Ce numéro spécial du *Club Lumière* entend contribuer modestement à ce que celles produites par les Palestiniens ne s'évanouissent pas. L'organisation de cette édition, qui navigue entre les temps et les formes, ne cherche pas l'exhaustivité mais souhaite au moins retranscrire la richesse inépuisable d'un cinéma particulier. S'il n'est pas souhaitable de déconsidérer les déterminations matérielles d'une production, le prisme de la domination coloniale ne sera pas le seul à même d'expliquer et d'analyser un cinéma bien plus divers qu'on ne peut – ou ne veut – l'imaginer. Au sein des photogrammes palestiniens, il y a de la joie, des espoirs, de la beauté, de la détermination, une mémoire ; des mémoires qui ne doivent pas tomber dans l'oubli.

Baptiste Demairé et Nino Guerassimoff
Rédacteurs en chef du *Club Lumière*

Elia Suleiman,
la Palestine mondiale

Parmi les cinéastes palestiniens, un nom est parvenu à se hisser au rang de figure respectable et respectée dans les sphères cinéphiles et professionnelles du septième art. Au risque de diminuer la charge politique de son œuvre ? Retour sur le cinéma d'Elia Suleiman en quatre films.

Chronique d'une disparition (1996) et *Cyber Palestine* (1999) : Chronique d'une colonisation

Qualifier le cinéma de Elia Suleiman de « chronique » est un terme approprié, qui est lui-même dans le titre de son premier long-métrage et au cœur de son idée du cinéma. La chronique s'apparente successivement, dans chacun de ses films, à une forme journalistique, puis à un suivi chronologique à partir d'un contexte concret, qu'il soit personnel ou historique. Mais le terme chronique prend un double sens dans le contexte dans lequel évolue Elia Suleiman. La chronique au sens de la maladie est une pathologie qui dure dans le temps, qui prend du temps à se développer. Ainsi la question de la colonisation d'Israël documenté dans le cinéma d'Elia Suleiman peut tout à fait prendre ce double sens.

Chronique d'une disparation (1996), reprend une idée de départ de nombreuses œuvres sur des thèmes liés à l'identité, celle du fils qui revient au village après tant d'années. Elia qui est le protagoniste de son propre films (et de tous ses long-métrages) retourne après des années d'études à l'étranger chez ses parents, à Nazareth, ville annexée par Israël et qui a vu la naissance de Jésus : il est d'autant plus important de souligner que Elia est un Palestinien chrétien. La question qui traverse le film est celle-ci : Où en sommes-nous actuellement ? ES (le nom de Elia dans le film), documente durant la première partie du film, « Journal de Nazareth », son retour. Ainsi, plutôt que de nous embarquer dans une narration autocentrée sur Elia, le film pose plutôt ses yeux sur des lieux, chaque scène ayant sa propre autonomie.

Par exemple, au début du film, on nous montre des mécaniciens palestiniens d'un garage de Nazareth, Elia prend aussi bien le temps de filmer cet espace à travers des compositions picturales qu'à travers des fragments de gestes.

Ainsi, durant une scène dans un garage, il s'attarde sur les gestes des mécaniciens par des plans larges et des plans près des mains.

Des mécaniciens tout comme des travailleurs de nombreuses professions, il y'en avait dans la bande de Gaza, aujourd'hui complètement ravagée par Israël. La particularité de l'activité humaine est celle du travail selon Marx : elle nous en est indissociable[1]. A l'heure où les Palestiniens sont déshumanisés en permanence dans les médias, surtout par Israël qui les monstruosifie, Elia réhumanise complètement les corps palestiniens en les reliant à leur activité, à leur quotidien. Loin d'une idée abstraite, il leur alloue aussi une individualité. Les personnages de Elia Suleiman sont beaucoup de choses, ils travaillent dans des cafés, des garages. Ils sont croyants, musulmans ou chrétiens ; ils dorment, regardent la télévision, écrivent sur l'ordinateur. Tout ce que les sionistes ne pensent pas vis-à-vis d'eux.

Il est aussi important de remettre en perspective l'époque où sort le film, en 1996. L'angoisse qui traverse cette œuvre est celle de la disparition, durant l'une des scènes du film sûrement la plus documentaire, où un homme d'église face caméra est assez éclairant : « Maintenant mon monde est petit, plus ils étendent le leur, plus le miens rétrécit ». Le 13 septembre 1993, Yasser Arafat, ancien chef d'Etat Palestinien et président du Fatah et de l'Organisation de Libération de la Palestine, signait les accords d'Oslo après des négociations en secret avec l'ancien premier ministre d'Israël Yitzhak Rabin, sous la supervision de l'ancien président américain Bill Clinton. Ces accords tendaient à consacrer la solution à deux Etats, en prévoyant une coexistence de la Palestine et d'Israël dans un même territoire, en Cisjordanie. Ils allouaient des responsabilités spécifiques en fonctions des Zones A, B et C : Zone A = 18% de la Cisjordanie sous contrôle civil

---

[1] Richard Sobel, « Exploitation, aliénation et émancipation : Marx et l'expérience moderne du travail », *Savoirs et clinique*, n°19, 2015, p. 97-105

et militaire palestinien, Zone B = 24% sous contrôle civil Palestinien, mais avec un contrôle militaire Israélo-Palestinien, Zone C = 60% sous contrôle israélien[2]. Sous son aspect de paix, cet accord était vicié, notamment par son souci de parcellisation des territoires pour le côté Palestinien : la « West Bank » en partie d'un côté et la bande à Gaza de l'autre, tandis qu'Israël conservait un territoire unifié et surtout un contrôle militaire dans plusieurs zones palestiniennes dans la West Bank. Le problème de colonisation n'était donc pas réglé, bien que les accords aient été acceptés par Arafat.

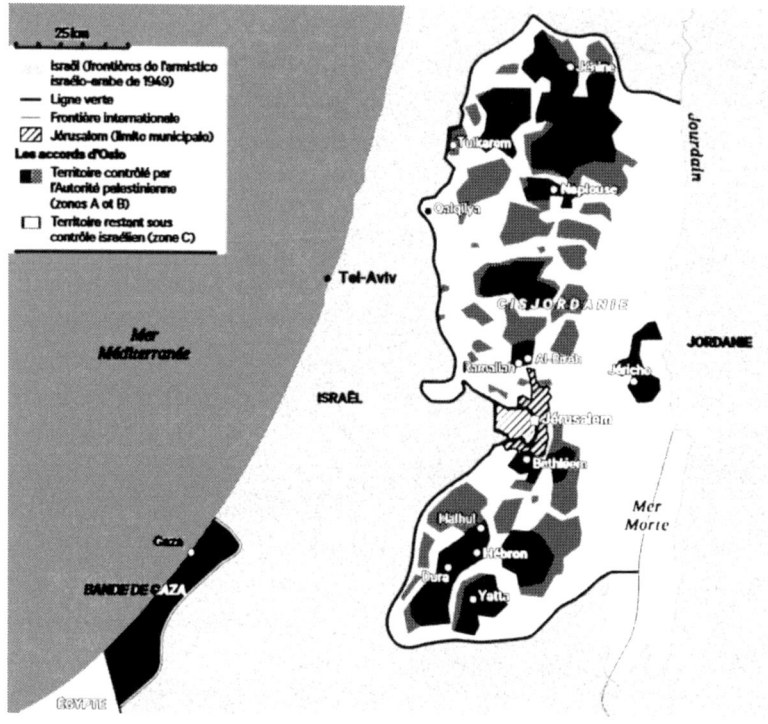

Bien que dans le film nous soyons dans le territoire israéliens, Nazareth en faisant partie, cette angoisse se traduit

---

[2] Amnesty International, « Qu'est-ce que les Accords d'Oslo ? », https://www.amnesty.fr/focus/accords oslo#:~:text=L'accord%20%22Oslo%20II%22,exister%20un%20%C3%89tat%20palestinien%20souverain.

tout à fait. D'ailleurs, jamais Elia ne se considère comme Israélien, le carton final achevant son ralliement par la piétée filiale envers ses parents qu'ils considèrent « derniers de la patrie ». Cette bataille intérieure pour exister est celle des corps. A la manière de la réhumanisation qu'entreprend Elia, le film s'attarde à filmer des corps. L'idée est présente dès le premier plan où la caméra bouge autour du corps du père de ES, en gros plan, pendant qu'il dort. Cette idée de mise en scène sensorielle, qui filme l'individu à fleur de peau dans le contexte du film est profondément politique. C'est capter son poids, ses formes, son existence matérielle mais aussi son enfermement : le corps est bloqué dans cet espace. Dans la séquence finale du film, Elia filme à nouveau son père mais aussi sa mère, tous les deux en train de dormir, sous un nouvel angle, devant la télé alors que des émissions israéliennes sont diffusés. Que ce soit en plan large ou serré, l'existence palestinienne est confinée à la présence israélienne, qui, dans cette scène, adopte une présence numérique envahissant même l'intime des personnages. La colonisation israélienne est donc cette maladie chronique qui envahit lentement et s'accroche jusqu'à parasiter même le cadre domestique, tout autant que le film est une chronique sur ses habitants et leur rapport à leurs déplacements qui sont de plus en plus contrôlés et réduits. Cette idée de colonisation du domestique va être poursuivit par Elia Suleiman à travers son court métrage *Cyber-Palestine* (1999)

Cyber-Palestine est une production dans le cadre du projet régional de Bethleem « Bethleem 2000 Project[3] ». Le film est une relecture de la naissance de Jésus par le couple Marie et Joseph, dans les temps contemporains d'Israël. Dès sa scène d'introduction, il illustre l'idée de confinement des territoires et des corps que Suleiman avait introduite dans *Chronique d'une*

---

[3] World Bank Group, « GZ-BETHLEHEM 2000 », 15 Janvier 2013, https://projects.worldbank.org/en/projects-operations/project-detail/P053985

disparition. Durant cette séquence, le couple Palestinien vaque à ses occupations dans une maison somme toute classique où les traces palestiniennes sont artificielles. Joseph fait cette recherche étrange, « Cyber Palestine », dont le sens avec la présence sur le mur « Visit Palestine » du salon est assez évident ; tout comme Marie sur son téléphone fait l'expérience d'explorer cette fameuse Cyber Palestine. La Palestine, aliénée de ses propres territoires, n'est plus qu'un lointain souvenir touristique et sa visite n'est que possible par le virtuel. Joseph et Marie ne peuvent pas, de primes abords, faire l'expérience de leur terre. Ce site Web est d'ailleurs en construction, alors que les territoires palestiniens sont soit annexés soit détruits. La Palestine tente donc d'exister à travers une autre forme, tout comme Israël à la fin de *Chronique d'une disparition* existait à travers la télévision. Dans la continuité des problématiques développées vis-à-vis des territoires palestiniens parcellisés, le film va conter le voyage du couple pour donner naissance au nouveau-né à Bethleem. Sur leur route, ils traverseront des villes détruites et paupérisées par Israël lors, notamment, d'une scène de frontière.

La volonté de se libérer de ce confinement imposé se traduit assez symboliquement par cette scène en bords de mer où les deux amants regarde l'horizon abstrait et marin. Est-ce que l'idée seule de Palestine est suffisamment forte ? Faut-il aller se reconstruire ailleurs ? Une idée de mise en scène à la frontière m'a beaucoup interrogé. Le dispositif général est de filmer cette frontière comme une prison : la caméra filme à travers le grillage les pieds de dizaines et de dizaines d'individus, mettant l'accent sur les flux humains. Le travail sur le son est intéressant : le montage désynchronise le mouvement et le bruit qu'il est censé engendrer, le son des pas est décalé et alourdi jusqu'à ce que la musique prenne vraiment le pas. Le film jouant beaucoup sur la symbolique, on peut largement interpréter cela aussi comme une forme de contrôle des corps, l'aspect carcéral de la séquence appuyant l'effet. Mais on peut très bien prendre l'idée à revers, et estimer que cette désynchronisation et la musique représente une façon dont le combat contre le contrôle israélien peut se dérouler au sein même du film, comme si le monteur choisissait de bouleverser les règles causales d'un montage classique.

Une autre manifestation du contrôle israélien sur le corps, c'est le refus implicite de la paternité du bébé qu'attend Marie. Alors que le couple arrive au *checkpoint* pour passer la frontière, Joseph donne au militaire les papiers d'identité. Le militaire les regarde et pose cette question provocatrice « Alors vous êtes Marie ? Et qui est le père de l'enfant ? ». La séquence investit la conception virginale de la naissance de Jésus, enfanté par la vierge Marie. Joseph ne pourrait donc être le père de Jésus car il n'aurait pas son sang, ne pouvant être que son père adoptif, rôle que le soldat refuse d'ailleurs aussi d'allouer à Joseph qui le bat pour donner suite à cette provocation. Ce n'est pas tant la potentielle non-parentalité de l'enfant qui pose un problème mais bien que le réflexe du soldat soit de questionner cette possibilité. C'est une autre forme de déshumanisation que subit aussi la femme : elle est vue seulement comme une femme enceinte et avec des papiers. Prise d'un point de vue religieux, c'est le combat du nouveau testament contre l'ancien mais le film va au-delà de cet affrontement en donnant à Marie une réminiscence d'images documentaires où des citoyens palestiniens se révoltent face à des militaires. Tout est toujours plus profond qu'un combat éternel de religions : faire une histoire moderne sur Joseph et Marie c'est permettre au mythe de ne pas être qu'une idée du passé, mais un principe actif, qui évolue, s'adapte ou non à une situation donnée. *Cyber-Palestine* est donc un court-métrage qui synthétise à mon sens de nombreuses thématiques de la filmographie de Elia Suleiman. Son aspect symbolique par l'emprunt à la *Bible* lui permet d'universaliser son récit tout en offrant assez de clés pour comprendre la condition palestinienne.

Valentin Jacob (Ringo)

La Palestine est un monde
À propos d'*Intervention divine* (2002) et *It must be heaven* (2019)

Des rendez-vous amoureux sur un *checkpoint* ; et un voyage au cœur d'un occident absurde. Le burlesque d'Elia Suleiman n'est pas rassembleur. D'une échelle à l'autre, il ne fait l'économie d'aucune brutalité ; celle, en Palestine, de la réduction des espaces vécus ; celle, dans le premier monde, d'un délitement des rapports sociaux. Le burlesque comme arme esthétique, voilà qui peut poser question. Comment ne pas diluer la charge, comment retranscrire la violence ?

Rapport d'échelles. Le Souleiman d'*Intervention divine* (2002) est restreint dans son environnement, celui d'*It must be heaven* (2019) parcourt le globe. Identité trouble : ce Palestinien qui possède un passeport israélien et fut vite adoubé par la critique internationale s'est vu ouvrir les portes d'une sphère particulière en occupant une place bien spécifique dans le cinéma mondial, résumé en une réplique d'*It must be heaven* : c'est ce producteur parisien qui refuse de financer son film, au motif qu'il n'est « pas assez Palestinien ». L'intrigue pourrait se dérouler n'importe où, ajoute l'homme d'affaire. Précisément, le jeu d'échelle opéré entre *Intervention divine* et *It must be heaven* est caractéristique : la cause palestinienne est, plus qu'un conflit local, un révélateur global, comme le fut le Vietnam. Correspondances sonores entre Nazareth, Paris et New-York : des sirènes de police, partout, comme un *continuum* de violences.

Certes, le procédé joue sur l'abstraction d'une situation coloniale, mais c'est aussi un rappel : ce monde policier existe à toutes les échelles. Des crimes de l'armée israélienne à l'absurdité des agents qui poursuivent un vendeur à la sauvette en monocycle électrique, Suleiman ne tire aucune équivalence mais relève les continuités. Pour Aimé Césaire, le fascisme était un retour à la maison de l'ensauvagement colonial. Alors qu'en Europe et aux États-Unis, on a depuis longtemps accepté la colonisation d'Israël comme un moindre mal, nous indignant périodiquement lorsque le seuil de violence imposé aux Palestiniens nous apparaît trop brutal – trop visible, peut-être ? – Suleiman nous met en garde : cette violence est déjà là, prête à s'imposer, en gestation.

Retour à la maison. Suleiman est avant tout Palestinien. Avertir l'occident de son rapport à la barbarie, euphémiser l'occupation israélienne par le burlesque, voilà, à première vue, un cinéma tout à fait poli. Mais Suleiman ne l'est pas. Dès *Intervention divine*, il dissipe tout malentendu. Cette fedayin experte en art martial peut nous faire jubiler, les exagérations grotesques de sa chorégraphie nous arracher quelques sourires ; ce qui se déroule à l'écran n'en est pas moins une déclaration de guerre : elle décime une unité de soldats israéliens, keffieh sur le visage, bouclier en forme de Palestine – de la mer au Jourdain – à la main. Et l'occident s'empresse de désamorcer : *Intervention divine* est qualifié de film de paix au festival de Cannes, *ex aequo* avec *Kedma* de Amos Gitai, israélien. Nous sommes deux ans après le début de la seconde intifada. Les accords d'Oslo, déjà dénoncés par de nombreux Palestiniens, sont lointains. Les fascistes du Likoud sont au pouvoir, et avec eux l'exacerbation de l'occupation et de la répression. Ne reste qu'un ballon de baudruche à l'effigie d'Arafat, envoyé par E. S. (le personnage incarné par Elia Suleiman) au-dessus d'un barrage de l'armée israélienne. Une ultime provocation. C'est comme si notre cinéaste était dépassé.

Elia Souleiman n'est sans doute pas l'artiste palestinien le plus radical qui soit. Son traitement de l'occupation ne fait pas l'unanimité en Palestine. Ce réalisateur « palestinien, mais ses films sont drôles » – comme le résume Gael García Bernal dans *It must be heaven* – synthétise bien des contradictions. Son œuvre n'en est pas moins traversée par une violence lourde, sous-jacente, qui connaît çà et là de fulgurants débouchés.

Baptiste Demairé

Cinéma palestinien, patrimoine des luttes

Le patrimoine mondial cinématographique admet le cinéma palestinien, à condition d'adopter une conception vivante, mouvante, libre et émancipée des dominations impérialistes de ce patrimoine. Dès lors, les films palestiniens permettent d'envisager une autre histoire du cinéma.

Mustafa Abu Ali : le cinéma comme une arme populaire

« L'objectif principal de ce collectif est de produire un cinéma Palestinien dévoué à la cause et aux objectifs de la révolution palestinienne, qui trouve racine dans les spécificités arabes et avec des contenus progressifs et démocratiques[4] ». Tel est le premier principe du manifeste du Groupe de cinéma Palestinien écrit et distribué en 1972, un collectif dont la brève mais importante existence n'a eu le temps de produire qu'un seul film : un court-métrage documentaire, *Scènes d'occupation à Gaza*, réalisé par Mustafa Abu Ali membre co-fondateur et cinéaste palestinien révolutionnaire très actif. Afin de mieux produire un discours sur la révolution palestinienne, ce court-métrage est en fait un détournement d'un reportage télévisé passé en France. Remonter le discours dominant est une habitude du cinéma militant (par exemple le chef d'œuvre *Maso et Miso vont en bâteau* du collectif des Insoumuses) et dans *Scènes d'occupation à Gaza*, Mustafa Abu Ali parvient à redonner une violence à des images relativisées voire glorifiée par les pays occidentaux.

Le reportage initial suivait un groupe de soldats israéliens dans la bande de Gaza et montrait tous leurs efforts de contrôles et de fouilles pour "prévenir" les actes de résistance de groupes palestiniens. Mustafa Abu Ali inclut une voix-off à ses images pour, dans un premier temps, établir un contexte d'un point de vue Palestinien et pour prévenir ensuite des violences qui vont avec ces contrôles. Il ajoute aussi des arrêts sur image, lorsque

---

[4] Manifesto of the Palestinien Cinema Group (1972), in : Dickinson K. (2018) "Cinema Within Armed Struggle : "Manifesto of the Palestinien Cinema Group" (1972) and Popular Front for the Liberation of Palestine, "The Cinema and the Revolution" in: Arab Film and Video Manifestos. Palgrave Studies in Arab Cinema, p. 93. Citation traduite par Juliette "Antigone".

l'on discerne bien une personne contrôlée. En s'attardant sur ces visages auxquels les images initiales ne prêtent aucune attention, il les réhumanise. Des émotions troubles se lisent comme de la colère ou de la peur, donnant une intériorité à des êtres humains qui ne sont habituellement pas traités comme tels, alignés gratuitement les mains en l'air.

En plus de révéler une humanité, Mustafa Abu Ali veut construire une forme de légitimité. Dans ses dernières minutes, le film monte en intensité avec un récit conté sur la force des Palestiniens capables de multiplier les attentats suicide, mis en scène par des sons d'explosions, un montage saccadé sur une grenade qui s'approche et par des arrêts sur image sur le visage d'un très bel homme à nouveau contrôlé et qui ravale sa haine… jusqu'à se clôturer par « Long Live the Palestinian Revolution » sur fond rouge. Plus qu'un court-métrage militant, *Scènes d'occupation à Gaza* pourrait presque s'apparenter à un film appelant à rejoindre les unités armées, et ni le réalisateur ni le mouvement du Groupe de Cinéma Palestinien ne le démentiraient : le collectif était de fait lié au Fatah, un parti nationaliste palestinien majeur fondé notamment par le célèbre Yasser Arafat. Ce groupe a, entre autres, revendiqué le mode d'attaque de la *guérilla* contre les colons et leurs moyens militaires. Cette lutte armée est donc mise en avant dans *Scènes d'occupation à Gaza* où Mustafa Abu Ali traduit par le langage cinématographique la colère qui mène à la prise des armes comme légitime défense.

En reprenant des images occidentales, Mustafa Abu Ali retourne le discours dominant et dominateur contre lui-même. Ainsi détournées, elles révèlent leur abjection et leur aspect propagandiste. De fait, avec un seul point de vue et un seul sujet, Israël, les JT présentent comme nécessaires les interventions humiliantes de l'armée et légitiment par la même leur violence ; Mustafa Abu Ali se sert de cette propagande de colons pour la faire sienne, en légitimant la réponse du mouvement de libération de la Palestine. Ainsi dévoué à la cause de la révolution palestinienne, ce film, par son procédé original et anti-colonial répond aussi parfaitement au second principe du manifeste : « Nous devons nous diriger vers des formes cinématographiques alternatives qui fonctionnent en dialectique avec le fond[5] ». Son cinéma n'a pas vocation à avoir les mêmes formes que les films du marché occidental et capitaliste, au contraire, il veut les détruire et les remplacer afin de créer un nouveau discours.

La même année que sa création et ce film, le Groupe du cinéma Palestinien se dissout sans vraiment disparaître : certains membres retournent à leur unité de combat et les cinéastes se mettent plutôt sous la bannière de l'Institut du Cinéma Palestinien à la demande de l'Organisation de Libération de la Palestine (OLP). Le film suivant de Mustafa Abu Ali, A *Zionist Agression* ne fait donc techniquement pas partie de ce collectif mais il en suit tous les principes. Au lieu de détourner des images occidentales existantes, A *Zionist Agression* en crée de nouvelles pour révéler la réalité des conditions de vie des palestinien·es. La propagande des colons fonctionne aussi par l'absence de certaines représentations et en l'occurrence celle des massacres. Suite à l'opération palestinienne contre des athlètes israéliens aux JO de 1972 à Munich, Israël a organisé en représailles des raids contre des camps de réfugiés palestiniens en Syrie et au Liban. Mustafa Abu Ali a donc réalisé A *Zionist Agression* afin de témoigner de toute l'horreur de ses attaques peu ou pas du tout documentées. Le film *Munich* de Steven Spielberg par exemple, est symptomatique du discours dominant sur ces événements, puisqu'il n'évoque jamais les massacres avec le prétexte bien pratique et surtout discutable de se concentrer uniquement sur les agents du Mossad. Divisé en quatre parties, A *Zionist Agression* commence en montrant le quotidien dans les camps de réfugiés. Les habitant·es y vivent en paix avec une musique douce, des rayons de soleil et un retour à des pratiques d'agriculture et

---

[5] *Ibid.*

d'élevage de moutons. Cela ressemble presque à une vision paradisiaque — quand bien même il s'agit de camps de réfugiés — qui met en exergue l'effort de reconstruction de ceux obligés de fuir.

Puis vient l'attaque illustrée par des sons forts qui rompent toute la douceur de la candeur précédente. La troisième partie, la plus longue, expose les morts. Mustafa Abu Ali crée un crescendo de révélations : il commence par les bâtiments détruits, puis les moutons tués, les hommes calcinés et enfin s'attarde sur les enfants. Dans un silence assourdissant, il filme des enfants morts, le corps et la tête détruits. D'une extrême violence, presque insoutenables, ces images montrent ce que les autres médias ignorent. Mustafa Abu Ali se concentre longuement sur les mains et les visages faisant de ces enfants comme des saints, accentuant le barbarisme de leur meurtre comme s'ils étaient arrachés d'un paradis. Dans la religion chrétienne, le martyr est celui qui meurt pour avoir défendu sa religion, mais dans certaines cultures il revêt d'autres sens. En Palestine, les personnes assassinées pour avoir résisté au régime Israélien sont aussi appelés martyrs (comme on peut l'entendre dans *Women in struggle* de Buthina Canaan Khoury) et cela sans corrélation nécessaire avec la religion. En filmant comme tels des petits qui ne sont jamais allés sur un champ de bataille, Mustafa Abu Ali semble signifier que l'existence même des Palestiniens est une résistance.

La volonté de vivre est devenue politique. Cela est ainsi souligné dans la dernière partie de *A Zionist Agression* où l'enterrement des morts se fait dans la danse et le bruit. Impossible de ne pas penser à *Sambizanga* de Sarah Maldoror : lorsque le personnage de Domingo décède (avec une imagerie proche du sain aussi), sa mort est reçue par la communauté résistante au travers d'une fête et de chants. Il y a une vraie filiation entre les cinémas militants et entre les mouvements de résistance contre les colons — ce qui n'enlève rien à la spécificité de chaque situation. Le deuil n'est pas exprimé par un silence mais par une pulsion de vie et c'est ainsi qu'on revient à une démarche d'appel à la résistance. Le film se termine par une longue manifestation comme expression de la résilience du peuple et comme démonstration de son courage à simplement marcher. À la suite de ce défilé, Mustafa Abu Ali intègre des plans sur des canons anti-aériens tenus par des combattants palestiniens. Il tisse dès lors un parallèle entre ces deux formes de résistance et montre que celle armée est nécessaire pour l'existence de la première. Par des gros plans répétitifs et dynamiques sur le canon des DCA, le but du réalisateur semble à nouveau de légitimer cette défense qui paraît après le film inévitable.

C'est un procédé similaire mais moins difficile à regarder qu'il emploie dans They do not exist qui reprend cette structure de visions de paix, attaques, destructions puis résistance. Le film s'attarde moins sur les morts, peut-être dans une volonté d'être plus facilement visionnable en festival. Les groupes de cinéma Palestinien portaient aussi l'objectif d'être programmés à l'international et de rentrer en dialogue avec d'autres résistances. Le mot "génocide" est plusieurs fois inscrit dans They do not exist et est associé à la Palestine évidemment mais aussi au Vietnam, au Mozambique, aux natifs américains, à l'Afrique du sud et aux actes des Nazis. L'objectif est de rappeler que les événements sont liés et d'appeler à se reconnaître comme peuples partageant une Histoire commune — la mention de la Shoah prend ainsi un double sens. En liant les peuples, c'est presque une histoire de l'oppression à laquelle se réfère They do not exist et son titre volontairement décontextualisé : le bombardement qu'il montre est la destruction du camp de Nabatia au Liban mais pourrait aussi être une attaque au Napalm au Vietnam.

L'explication de ce titre se trouve dans une citation de Golda Meir, alors première ministre israélienne : « Les Palestiniens ?! Qui sont-ils ? Ils n'ont jamais existé. » Rappelons que l'indépendance de la Palestine a été reconnue en 1988 par l'Algérie en premier puis par d'autres États en Afrique et en Asie.

L'Europe de l'ouest (à part l'Espagne et l'Irlande) ainsi que l'Australie, le Canada, le Japon ou les États-Unis — pour ne citer qu'eux — n'ont toujours pas reconnu cette déclaration d'indépendance. Le droit d'exister des Palestiniens est sans cesse questionné, menacé par les puissances hégémoniques ; et l'était encore plus en 1974 quand personne ne reconnaissait l'indépendance du pays. Notons par ailleurs que 5 ans avant *Apocalypse Now*, Mustafa Abu Ali avait choisi d'accompagner les bombardements israéliens d'un concerto de Bach, joué par un violoniste isrélien. Ce choix grinçant attaque la posture même de l'occident, sa désinvolture à la destruction et sa culture entièrement complice.

They do not exist introduit aussi un peu de fiction avec une petite fille qui écrit une lettre à des combattant palestiniens, soutenant leurs actions. Lue ensuite par les intéressés, cette lettre montre le lien entre population et combattants, lien que les différents médias cherchent sans cesse à rompre prétendant que la résistance est le fait de quelques marginaux. Mustafa Abu Ali met ainsi en scène l'affection des enfants pour ceux qui se battent pour eux et par ce lien il émet l'idée que les jeunes entrent dans la résistance-même par leur soutien. Tandis que l'Occident cherche à provoquer du morcellement, Mustafa Abu Ali s'échine au contraire à créer une toile commune non seulement entre les pays mais aussi entre citoyens et combattants.

Finalement, c'est au travers de *Palestine in the eye* réalisé en 1977 que l'on trouve un condensé assez clair des objectifs cinématographiques et politiques du groupe du cinéma palestinien et de ses héritiers par la suite. Le film revient sur la carrière de Hani Jawharieh, assassiné par des soldats israéliens alors qu'il filmait aux côtés d'une unité de l'OLP. Il a par ailleurs filmé sa propre mort et quelques images nous sont montrées : impossible de ne pas penser à la fin de la première partie de *La bataille du Chili* de Patricio Gùzman où le dernier plan est celui d'un journaliste filmant son assassinat, symbole peut-être le plus évident et efficace de la fin de la liberté. Encore une fois, le cinéma militant et ses courageux contributeurs fonctionnent ensemble à travers le monde.

Avec ce vibrant hommage à un cinéaste militant très important, Mustafa Abu Ali réaffirme les convictions des réalisateurs guerriers. La caméra démantelée de Hani Jawharieh est comparée à une arme et son courage à rejoindre les forces résistantes palestiniennes pour filmer est valorisé. Un logo d'une arme à feu entourée de deux bobines de pellicule apparaît à plusieurs reprises et encapsule toute leur philosophie : le cinéma doit être pensé comme une arme contre l'ennemi et pour ce faire il doit se développer en parallèle des actes de *guérilla*. En outre, ce film souligne la dimension collective du cinéma et les réalisateurs ne sont pas appelés "artistes" mais "travailleurs" au service de l'effort commun de la libération — une nuance importante qui rappelle les convictions notamment socialistes de Mustafa Abu Ali qui était aussi proche du Front populaire de libération de la Palestine (FPLP), encore plus profondément ancré dans des revendications marxistes et anticapitalistes. Ces groupes de résistances pensent leur victoire comme une victoire aussi sur le capitalisme occidental et repensent ainsi le collectif en ce sens.

Ces multiples collectifs de cinéma (finalement toujours très liés) avaient un objectif d'intérêt public et voulaient que leurs films soient vus par tous·tes. Interdits à Gaza ou à l'inverse interdits de sortir du territoire, un très grand nombre de ces films militants ont disparu ou sont sortis des années plus tard. Des projections étaient néanmoins organisées dans des camps de réfugiés et les spectateur·ices étaient interrogé·es sur leur avis. Les critiques et remarques se trouvaient parfois intégrées aux films-mêmes ou servaient de suggestions pour les suivants. *With soul, With Blood* de Mustafa Abu Ali avait par exemple été qualifié de trop expérimental et confus. Le réalisateur a donc tourné de nouvelles séquences et remonté son film pour correspondre au mieux aux attentes du peuple[6]. Ce cinéma n'était pas pensé dans le rapport vertical de l'auteur apportant son savoir et sa vision. Il était fait pour le peuple et donc, si possible, avec le peuple, ce même peuple liés aux unités guerrières.

Plus qu'un cinéma brillant de résistance et de courage, c'est aussi cela la filmographie de Mustafa Abu Ali. Il laisse avec lui une œuvre profondément révolutionnaire tant par ce qu'elle montre que par ses moyens de production, une œuvre politique qui s'est donnée la mission de témoigner et combler un vide laissé à dessein par les dominants, une œuvre parfois insoutenable à voir mais nécessaire pour toujours se souvenir.

Juliette "Antigone"

---

[6] Dickinson K., *op. cit.*, p. 100.

Leila et les loups (1984) : Recomposer

« Nous qui sommes issus du tiers-monde devons rejeter l'idée de narration filmique basée sur le roman bourgeois du XIXème siècle et son attachement à l'harmonie. Nos sociétés ont été trop fracturées par le pouvoir colonial pour se conformer à ces scénarios bien soignés. »

Heiny Srour, réalisatrice du film

Quand on traite du cinéma palestinien ou d'un cinéma ami de la Palestine, la date de production officie comme un appel à compter les coups, aussi le cinéma et son essence fragmentaire tombent à pic. Colonisation britannique, colonisation israélienne, Guerre des 6 jours, Invasion du Liban : des coups et de la fracture, toujours de la fracture. Regarder au cinéma c'est découper, voire détourer le monde, et donc cela ne peut que parler aux peuples mutilés. C'est toute une modernité esthétique et politique qui a pensé un cinéma aphoristique, un cinéma de saynètes où la linéarité du flux de la vie est secouée face à la nécessité de mettre en scène des expériences violentes. Soudain les choses sont comme possédées par l'identité politique qui les incarne normalement de manière diffuse, invisible, dans le monde quotidien : leurs nouvelles représentations sont la trace sanglante d'une vie dans d'intenses systèmes d'oppressions. Même le quotidien s'en trouve métamorphosé afin de s'exprimer comme il est vécu par celles et ceux qui subissent. Le fragment arrache l'évènement de sa place dans le processus qui organise temporellement la vie, donne à voir le politique frontalement. Dans ces films l'événement ne fait qu'arriver, sempiternellement, pour dégager le brouillard du temps et du récit normatif qui, restés trop ensemble, ont fini par s'encloquer et accouchent petit à petit de l'oubli comme d'une bête immense qui prend de la place. Le fragment se fait le miroir utopique de l'expérience de la violence : il est le reflet d'une méduse décapitée que refuse de voir l'homme Persée.

Alternant entre saynètes symboliques, images d'archives et mise en scène d'actes de résistance, *Leila et les loups* sort en 1984, deux ans après l'invasion du Liban par les troupes israéliennes. Réalisé par une femme juive libanaise, première femme du monde arabe sélectionnée au festival de Cannes pour son film *L'heure de la libération arrive* (1974), le film est avant tout une paire d'yeux proférateurs. La protagoniste éponyme ère entre les époques et les réalités, ne faisant que regarder, avec comme tâche de réanimer la place des femmes dans l'histoire des luttes arabes anti-britanniques et anti-sionistes. Réanimer une image, et donc remettre en scène. Un acte de fiction qui saute aux yeux d'abord en tant que tel, comme médiation assumée d'une substance politique et historique, en réponse directe aux archives qui parsèment le film. À côté d'une photographie d'hommes palestiniens bataillant contre la police, Leila se tient dressée face à la caméra et nous regarde. Hop hop hop, ne soyons pas trop orgueilleux. Elle ne regarde en fait que ce qu'il y a réellement en face d'elle, derrière l'image : le vide, le hors champ. Hors des images de réalité, entre l'histoire officielle, dans ce que l'appareil n'a pas choisi d'imprimer, Leila voit un espace émancipé où projeter ses visions.

En soi, elle ne fait que reproduire le processus de conscientisation et de construction du film : les femmes sont absentes des archives, il faut donc leur recréer une place dans l'histoire. Le cinéma étant le médium le plus à même de capter l'histoire qui se fait, il capture donc des fragments qui, mis ensembles, forment une mémoire. C'est assez connu. Que faire dès lors quand on est exclu de cette mémoire ? La protagoniste pose ainsi un regard et une question. C'est dans ce qui n'a pas été détouré, dans le vide total, dans l'abstraction donc, que Leila va recomposer une nouvelle mémoire. La fiction est alors pensée comme un processus interactif, une mise en expérience utopique qui stimule politiquement le présent. L'Histoire est pensée par l'histoire comme un récit anormatif. Et là où on pourrait s'attendre à ce que Heiny Srour pratique un récit poétisant qui aligne les séquences surréalistes pour exprimer l'absence fatale d'images concrètes de lutte, la réalisatrice nous prend à revers.

La protagoniste ère bien dans des espaces symboliques, nous y reviendrons. La majorité du film est cependant constituée de moments matériels de lutte : guérilla urbaine, discussions politiques ou organisation clandestine de résistance dans un village. Ainsi Srour replace les femmes dans une iconographie révolutionnaire semblable à celle des hommes. Les femmes se sont battues avec les hommes dans des luttes armées importantes et de ce fait doivent être représentées dans les mêmes espace-temps. Mais fatalement, les espace-temps des images d'archive et des images de fiction sont différents. Dans leur essence, dans la source de leurs contenus, la captation documentaire des luttes et la mise en scène de Leila diffèrent radicalement. C'est que la fiction ne va jamais chercher à mimer la source de l'histoire officielle, comme pour maquiller les fissures. Bien sûr le geste de fiction trouve une réalité commune avec le documentaire, dans le contenu de ce qui est représenté ; il côtoie donc un espace semblable à celui de l'image d'archive. Mais sa puissance se trouve justement dans le fait qu'il est une posture subjective critique, qui vient commenter et remettre en question le récit historique conventionnel. Son "après-coup" porte en lui le fantôme des images disparues, et sa fausseté acquiert dans le présent l'authenticité propre à l'acte de résister et à l'organisation d'une lutte.

Cette lutte du présent s'ancre particulièrement quand Leila met en scène son mari dans les séquences de reconstitutions, à qui d'ailleurs elles sont diégétiquement destinées. Au-delà de montrer l'histoire, elle veut lui faire comprendre l'oppression patriarcale en lui faisant jouer tantôt le rôle d'un soldat collaborant pendant la colonisation britannique, tantôt celui d'un patriarche qui conseille à sa petite-fille le mariage plutôt que la lutte armée. Par la position ascendante qu'elle prend par rapport à lui, elle le force à reproduire des pratiques de domination de manière consciente, et l'extrait donc de la pratique banalisée qu'il en a dans son quotidien. Elle ouvre de ce fait un nouvel espace, une zone arrachée au patriarcat où déjà se renverse la hiérarchie sociale. Encore un cadre découpé et réapproprié.

Alors, dans ces paysages déserts, le passé se recompose effectivement pour le présent. La caméra presse hors de cette géologie insondable le temps des événements qui l'ont linéairement collé. Derrière les rochers, sur les pentes sableuses, derrière un col. Un village, des combattants, les forces coloniales. Et toujours le regard de Leila. La géologie n'exprime rien d'historique, elle est rendue à sa vie extra-humaine, millénaire. Mais en même temps toute l'histoire s'y joue. Quand Leila jette son regard vers le hors-champ à gauche d'un plan alors qu'elle monte une pente, un panoramique trace le trajet du rayon de ce regard formateur. Apparaissent alors les protagonistes d'un fait de résistance - ici des soldats britanniques - comme si le mouvement avait remonté le temps, sans grande rupture, sans annonce. La pierre n'a pas bougé depuis ces temps-là. Comme *L'appât* d'Anthony Mann ou les films de Straub et Huillet, dans une nature qui ne porte en elle que son propre signe, les fantômes de l'histoire se projettent en leurs noms.

Mais même dans un village aux maisons vidées émerge étrangement une troupe de femmes venant réconforter celle qui vient annoncer le malheur : l'arrivée des troupes coloniales. On nous introduit à ce lieu par le même panoramique gauche, par le même vide humain. Que des oiseaux et des maisons mortes. Pas en ruine, mais morte, sans vie. Il n'y a pas de quotidien dans ce village, uniquement des spectres de femmes qui sortent de l'obscurité de l'image, de la face cachée des maisons vides. Avant d'avoir une forme, ces femmes ont une voix qui crie dans le vide.

Elles incarnent comme dit plus haut tout le politique de cette affaire. On dirait que ces êtres sont détachés d'une pratique banale de ces lieux, qu'ils les hantent. Et ça ne serait pas surprenant. Des esprits frappeurs. Si dans le cinéma d'horreur hollywoodien on construit sur des cimetières indiens et que les morts se vengent, pourquoi pas ici ? La vie reprend alors après que l'armée est visiblement écartée par une prière. Les femmes ont dû feindre de ne pas voir leurs frères ou leurs fils. Les habitants sont sauvés, et doivent en échange peindre les maisons : « Gloire éternelle au martyrs », parmi d'autres. Mais le quotidien reste quand même larvé par le patriarcat, faut pas croire. La partie centrée sur ce village semble scindée en deux représentations. La première organise un microcosme sur la place publique du village ; le groupe de femmes à droite ou derrière, l'armée en face et les résistants au milieu, battus. On nous introduit la situation par un plan figé, organisé, où toute la violence du fascisme se communique dans un double sens de l'immobilité : la terreur militaire, impassible, et l'absence de possibilité de vivre des femmes, dont les corps sont contrôlés par la menace des armes. Il n'y a aucun mouvement du corps, comme chez Straub et Huillet. Quand on regarde, c'est figé, droit. L'arrivée des résistants, traînés par l'armée britannique se fait d'abord par le son, pendant qu'un panoramique nous met face aux visages des femmes du village. A partir d'ici, le mouvement sera seulement signe de violence. Ici, pas de méditation dans le repos du corps. L'immobilité moule l'acte qui opprime. La chorégraphie du plan s'arrête par moment, puis reprend son mouvement torturé, comme s'il devait laisser respirer le spectateur, le laisser immortaliser l'instant, les postures, toute l'iconographie politique du moment, avant de le replonger dans la réalité matérielle de la situation. En plongée, le plan cloue ses figures au sol, les montre bien ancrées dans un lieu, dans une physicalité, éprouvée. A quatre pattes, à genoux ou debout et armé, la position du corps selon sa proximité avec le sol ségrègue politiquement et réduit les résistants à leur corporalité meurtrie. On ne peut s'identifier qu'à leur douleur, comme si l'interaction avec le sol rendait toute sa réalité sensorielle au corps pris de loin. Comme s'il devenait minuscule, fragile, mais pleinement là. Le burlesque avait découvert cette étrangeté. Un plan rapproché vient individualiser cette douleur dans son ressenti. Maintenant qu'on sait à quoi s'en tenir politiquement, l'analyse qui se faisait déjà l'expérience d'une souffrance vient communiquer avec le visage blessé et inscrire l'image du martyr. Après avoir empêché les bébés de pleurer face à leurs parents brutalisés pour éviter que le village ne soit soumis à on ne sait quelle horreur, l'armée s'en va. On a vu tous les gestes de ces femmes qui ont évité le pire en gros plan. Cette séquence est donc inscrite dans un réseau iconographique, fait pour inscrire le geste politique. Une fois l'armée partie, Leïla apparaît, marchant, suivie par un travelling latéral. La vie a repris dans le village, les corps bougent librement, entrent et sortent du cadre, réalisent différentes tâches. Beaucoup peignent. Pourtant, une femme finit par se faire battre par un homme du village. Le quotidien est retrouvé, et une lutte doit y être effectuée, à l'intérieur même de la société, possible seulement hors des griffes du colonialisme. Cela devrait laisser à penser à tous ceux qui, défendant en cachette le colonialisme israélien, exhortent les Palestiniens à s'occuper du Hamas, sans quoi ils seraient immédiatement des terroristes.

Les femmes se libèrent enfin dans une saynète symbolique. Dernière d'une chaîne de semblables où des femmes voilées et masquées, immobiles en cercle, étaient opposées à des hommes joyeux jouant dans la mer sur une plage vierge. Elles finissent aussi par jouer dans la mer, enfin, par poser leur peau découverte au contact de l'eau. Mais le film ne s'achève pas sur ce trait d'utopie. Encore une dernière scène. C'est Leila qui marche. Elle voit des personnes danser, qui finissent par l'entraîner dans sa danse, alternant alors avec des images d'archives des victimes causées par Israël et son armée. Le film pèche peut-être avec ce symbolisme qui généralise à des signes culturels juifs la situation particulière du colonialisme israélien en Palestine. On peut aussi regretter la comparaison avec le nazisme, qui bien qu'effectivement pertinente dans la mise en relation des régimes fascistes, paraît maladroite à peine 40 ans après la Shoah. Heiny Srour étant juive, dur de présumer d'un antisémitisme de sa part, d'autant plus qu'elle l'a vécu pendant le tournage du film en Syrie. Et plus tôt dans le film elle montrait les crimes nazis sur les juifs, sans complaisance. Peut-être que le cinéma n'est pas au top quand il utilise des symboles trop généraux. Reste néanmoins cette scène pétrifiante, où le colon a finalement le dernier mot. L'émancipation arrachée à l'intérieur de la société arabe se fait aspirer dans la danse macabre du fascisme. Le corps y est piégé dans une boucle sans fin. On ne peut qu'espérer qu'ils se libèrent, ce peuple et ce corps. On y croit.

Nino Guerassimoff

Ismail Shammout : un peintre-cinéaste

Ismail Shammout est né à Lydda, en Palestine, en 1930. Avec sa famille il subit la Nakba et est forcé de s'exiler, comme beaucoup de Palestiniens, en 1948. Il parvient alors à partir au Caire où il étudie l'art, puis à Rome où il étudie les beaux-arts avant de s'installer à Beyrouth avec sa compagne, l'artiste-peintre palestinienne Tamil El-Akhal qui vit le même parcours d'exil que lui. Ils vivent ensuite quelque temps en Allemagne, puis à Amman, où Shammout décède en 2006. Ayant eux-mêmes subi la Nakba de 1948, le couple de peintres accompagne la naissance de la révolution palestinienne dans les années 1960, en devenant les « figures artistiques » du mouvement. C'est dans ce cadre que Shammout peint de nombreuses affiches de propagandes pour l'OLP (Organisation de Libération de la Palestine) ainsi que de nombreuses toiles représentant les conditions de vie des Palestiniens et leurs luttes. Shammout dirigea même la section artistique de l'OLP en 1965, signe de son importance dans le paysage militant palestinien. Il réalise ainsi deux courts métrages en 1973 : *The Urgent Call of Palestine* et *Glows of Memory*. Le premier est une sorte de clip expérimental, qui mélange des plans de la poétesse égyptienne Zeinab Shaath, descendante de Palestiniens exilés, et des images d'archives documentaires des conditions de vie des Palestiniens. Le deuxième est un film de montage, sans parole, dans lequel la caméra explore des peintures de Shammout qui sont accolées à des images d'archives palestiniennes. La narration est celle d'un vieil homme (dont le portrait revient plusieurs fois dans le film), qui se remémore sa vie en Palestine : la joie des fêtes, la tristesse de l'exil, la lutte. Une sorte d'autoportrait de Shammout par son œuvre picturale. Ces deux films ont une démarche analogue : documenter la lutte et la condition palestinienne en faisant appel au caractère documentaire des images cinématographiques et photographiques et en les combinant avec un autre art à savoir la musique et la peinture.

The Urgent Call of Palestine entrecoupe les plans de la chanteuse filmée dans la nature, guitare à la main, keffieh autour du cou, avec des images documentaires dont l'enchaînement est très réfléchi. La répétition d'images de même type – points de vue lointain de villes, photographies d'enfants palestiniens en souffrance puis à l'écoute, plans d'un olivier avec ses racines – figure la répétition des paroles de la musique et son incessant « Can't you hear the urgent call of Palestine ? ». La figure de la répétition symbolise ici un conflit qui se répète sans cesse et dont les victimes restent les mêmes. L'interview télévisée de Kamal Nasser (résistant et poète Palestinien) coupe la musique le temps de donner à entendre son discours. Le cours de l'image télévisuelle se voit à son tour être mise en pause, arrêtée par des bruits de feu et un texte qui informe le spectateur de l'assassinat du poète dans son appartement à Beyrouth en 1973. Malgré la dimension essentiellement désespérée du court métrage, avec ce sentiment de ne pas être entendu, écouté et considéré par les organisations internationales, il se conclut par une touche d'espoir, figuré par le travelling vertical final, montrant les racines d'un olivier au sol jusqu'à ses dernières feuilles dans le ciel en contre plongée. Le motif de l'olivier en particulier est une figure palestinienne de résistance. Le peintre palestinien Sliman Mansour explique en effet qu'en plus d'être une part importante de l'alimentation des Palestiniens, « l'olivier rappelle la ténacité du peuple palestinien qui peut vivre dans les circonstances les plus difficiles. (...) Le peuple palestinien résiste, tout comme les arbres qui survivent et prennent racine dans leur terre[7] ».

The Urgent Call of Palestine est surtout un film qui rappelle l'urgence de la condition palestinienne face à la violence de l'État israélien ainsi qu'un appel à l'aide trop peu entendu, en particulier en Occident. Et cela depuis de trop nombreuses années. Un appel

---

[7] Daoud Kuttab, « Pourquoi les oliviers sont-ils le symbole de l'identité nationale des Palestiniens ? », *ArabeNews*, 2021 : https://www.arabnews.fr/node/172866/culture.

à l'aide, un cri du cœur traduit par une chanson entêtante et répétitive, avec des images documentaires frappantes. Une esthétique du choc qui tend à éveiller le spectateur à la reconnaissance des conditions terribles de vie des Palestiniens, qui, malgré tout, s'accrochent à leurs racines à l'image de l'olivier qui achève le film.

Glows Of Memory, le deuxième film d'Ismail Shammout le concerne peut-être encore plus profondément. D'abord par la narration muette qui retrace la vie d'un vieil homme qui se rapproche assez de la trajectoire de sa vie personnelle, et également par le matériau principal de son film : sa peinture. Il est particulièrement intéressant puisque Shammout ne se contente pas de filmer ses toiles. Il les explore avec la caméra, il isole des figures, des détails des peintures par des effets de mouvements purement cinématographiques (zooms, travellings). Des figures qu'il met bout à bout par le montage en détruisant ainsi les cadres des tableaux centripètes, tournés vers l'intérieur qui caractérisent la peinture selon Bazin. A l'inverse des cadres cinématographiques plutôt centrifuges, tournés vers l'extérieur et le hors champs, ce qui se situe juste à côté de ce qui est filmé mais que l'on ne voit pas à l'image. Shammout traite ainsi ses œuvres picturales comme des photogrammes en créant une narration et une illusion de continuité qui font changer ses cadres picturaux centripètes en cadres cinématographiques centrifuges. Et il met ses tableaux en relation directe avec des images d'archives photographiques, donnant à son film une dimension extrêmement matérielle malgré le caractère impressionniste de ses toiles. Sa démarche est ainsi proche de celle d'Alain Resnais et de son *Guernica* (1951), sorte de ciné-poème qui utilise la peinture de Picasso comme matériau documentaire pour raconter cet événement tragique.

« Le court métrage d'Alain Resnais a pour sujet aussi bien la toile de Picasso, que l'événement historique lui-même auquel elle se rapporte. Disons qu'il mêle, précisément, dans sa matière même, le moment réel et sa représentation ; se confondent les objets esthétiques et les fragments de la réalité, comme si chaque morceau, en tant que tel, était de nature équivalente[8] ».

L'analyse de Vincent Amiel sur le film Resnais est transposable au film de Shammout, qui par l'incrustation d'images d'archives dans le cours filmique de ses toiles, les contextualise dans la réalité et leur donne une puissance de témoignage très forte. Les peintures et les images d'archives sont mises en scène selon une dialectique esthétique très simple : les tableaux sont en couleurs et les images d'archives en noir et blanc. Le montage du film apparaît alors comme un *Aufhebung* au sens d'Hegel tel qu'Alain Bonfand s'y réfère dans son ouvrage consacré aux liens entre cinéma et peinture[9]. Il s'agit du processus de dépassement d'une contradiction dialectique où les éléments opposés sont à la fois affirmés et éliminés et ainsi maintenus, non hypostasiés, dans une synthèse conciliatrice. Dans notre cas, il s'agirait du dépassement de la contradiction entre peinture et archives dans ce film où les deux régimes d'images cohabitent, se complètent. Les peintures ressortent de cette confrontation dialectique nourries d'une puissance de réalité et les images d'archives d'une puissance artistique.

Mais dans le film de Resnais, les images sont accompagnées par une voix off, là où le film de Shammout est muet avec une simple musique de fosse comme bande sonore. Le montage de *Glows of Memory* prend donc plutôt ses racines dans le cinéma muet, et en particulier le cinéma soviétique avec des films qui associent des matériaux de nature variées comme

---

[8] Vincent Amiel, *Esthétique du montage*, Paris, Armand Colin, 2013.
[9] Alain Bonfand, *Le cinéma saturé. Essai sur les relations de la peinture et des images en mouvement*, Paris, Vrin, 2011.

L'homme à la caméra (1929) de Dziga Vertov. Au cinéma soviétique, le film doit sûrement ses effets de montage, ses zooms rapides qui rythment certaines séquences représentant des affrontements armés et des scènes d'horreurs. On pense aussi au montage mnésique de Koulechov, qui donne un sens différent à un même plan en fonction du plan qui lui succède. C'est ainsi que le plan du tableau représentant le vieil homme qui revient à plusieurs reprises dans le film figure d'abord une mélancolie joyeuse, lorsqu'il est associé aux tableaux de fêtes traditionnelles palestiniennes ; puis à une tristesse certaine, associé aux images d'exil des Palestiniens et de la guerre. Amiel voit dans le montage du film de Vertov « un montage de documents qui est de l'ordre du discours, impossible à assimiler à un acte de simple enregistrement, ou de captation[10] ». Là encore, ce qu'il dit pour Vertov est transposable à Shammout, il n'est pas question ici d'un simple film sur l'art, d'une captation mécanique de ses toiles, mais d'un essai filmique particulier, qui joue avec les possibilités et les codes du médium.

Le tableau récurrent du vieil homme est *Memories and fire*. Peint par Shammout entre 1950 et 1959, il montre un vieil homme assis devant un feu, une couverture sur le dos, le regard vers le bas. Derrière lui se trouve sa famille en plein sommeil, peinte dans un style abstrait. Les couleurs de la peinture sont sombres, très ternes, hormis le vert foncé de la couverture du vieil homme, le blanc de sa tenue et le rouge foncé du feu, figurant ensemble le drapeau Palestinien. Le vieil homme est dans une posture de sage, de témoin qui a vécu et porte en lui une certaine mémoire collective. Le film lui procure un statut de conteur au sens de Walter Benjamin :

---

[10] *Ibid.*

> « *Le conteur tire ce qu'il raconte de l'expérience, de la sienne propre et de celle qui lui a été rapportée. Et il en fait à nouveau une expérience pour ceux qui écoutent ses histoires*[11] ».

Comment définir autrement ce personnage du vieil homme à la figure de sage qui revient de manière si récurrente, aux couleurs du drapeau du peuple qu'il représente et dont il raconte l'histoire au spectateur. Par ailleurs, pour Benjamin « le conteur sait donner des bons conseils comme un sage, il le peut car il lui a été donné de pouvoir remonter tout le cours d'une vie » et « son talent est de raconter sa vie, sa dignité de la raconter tout entière ». L'utilité matérielle du conteur réside en ce qu'il rend compte d'expériences de vie pour ceux qui l'écoutent comme une expérience citable, qui s'inscrit en eux. C'est ainsi que se transmet la mémoire qui « fonde la chaîne de la tradition, qui transmet de génération en génération les événements passés. ». Le vieil homme, témoin de la Nakba, de l'exil forcé, des massacres, des violences et enfin témoin des luttes palestiniennes, figure le geste de cinéaste d'Ismail Shammout qui se place en conteur dans ses deux courts métrages.

Un conteur qui se place en intercesseur entre son récit, les récits qu'il recueille et les personnes à qui il les transmet. Il nous donne à entendre dans *The Urgent Call of Palestine*, le chant de Zeinab Shaath et le discours de Kamal Nasser avec des images d'archives plus anonymes et des plans de symboles palestiniens forts comme l'olivier. Dans *Glows of Memory*, il nous transmet une trajectoire de vie très proche de la sienne et de celle de sa famille, en fictionnalisant un personnage de conteur dans lequel il trouve son relais.

À travers ses toiles comme à travers ses films, Ismail Shammout se fait le gardien d'une mémoire collective, un conteur à la fois intime et universel. En conjuguant la puissance des

---

[11] Walter Benjamin, « Le Conteur », dans *Oeuvres III*, Paris, Folio Essais, 2000.

images, des chants et des récits, il érige son œuvre en acte de résistance et en appel vibrant à la solidarité. Son héritage, profondément enraciné dans la douleur et l'espoir du peuple palestinien, continue d'éclairer la lutte pour la dignité et l'existence, telle une flamme que ni l'exil ni l'oppression n'ont su éteindre.

Romain Rousset

Paradise Now (Hany Abu-Assad, 2005) : La Violence d'un Corps pour Exister

Hany Abu-Assad, réalisateur palestinien né à Nazareth en 1961, s'est imposé sur la scène internationale avec une œuvre cinématographique marquée par la complexité et la nuance. Après *Le Mariage de Rana* (2003), il confirme avec *Paradise Now* (2005) son regard aiguisé sur la condition palestinienne et ses métamorphoses, dans un contexte de violence infinie et de résistance désespérée.

Paradise Now a été salué par la critique internationale et a remporté le Golden Globe du meilleur film étranger en 2006, avant de recevoir une nomination à l'Oscar dans la même catégorie.

Paradise Now suit le parcours de deux jeunes Palestiniens, Khaled et Saïd, originaires de Naplouse, en Cisjordanie, qui se préparent à accomplir un attentat-suicide à Tel-Aviv. Ils sont recrutés par un groupe de résistance pour franchir la frontière israélienne et mener une mission à la ceinture d'explosifs. Tout au long du film, le spectateur assiste aux derniers moments de leur vie, entre doutes, hésitations et questionnements sur leur engagement. Avant l'exécution de leur mission, un événement inattendu bouleverse leurs plans. L'attentat, qui devait être un acte héroïque de sacrifice, prend une tournure plus intime et personnelle. Alors que Saïd, pris de doutes, choisit de se rétracter, Khaled se trouve confronté à son propre dilemme moral, se demandant si la violence, qu'il considère comme son unique moyen de résistance, est vraiment la solution.

Le film interroge, et c'est peut-être là sa plus grande force, la nécessité de la violence. Pourquoi ce recours au martyre ? Pourquoi cette explosion de rage, de désespoir, alors que tout semble perdu ? Au travers de la représentation sobre de l'attentat-suicide, Abu-Assad met en lumière la violence d'un monde où la guerre devient une constante, une fatalité, une réponse à l'impossibilité de vivre autrement. La mise en scène de cette violence, loin d'être spectaculaire ou sensée émouvoir, cherche avant tout à montrer le processus interne, les hésitations, les doutes, et surtout les raisons profondes qui poussent ces hommes à se donner la mort dans l'espoir de changer le cours des choses. C'est dans cette complexité que le film se distingue des récits plus simplistes. Les moments d'introspection, comme la mise en place des ceintures d'explosifs, ne sont jamais montrés comme une étape anecdotique mais plutôt comme des rituels déchirants, des gestes ritualisés qui précèdent l'inéluctable. La violence est donc filmée sous un angle clinique, presque anesthésique, afin de souligner la froideur de ce qui pourrait, pour d'autres, sembler irrationnel ou insensé.

Par ailleurs, cette violence n'est jamais isolée. Elle s'inscrit dans un contexte beaucoup plus large, où Israël, avec sa supériorité militaire, mène une guerre technologique, précise, froide, et où la violence, paradoxalement, semble légitimée par sa modernité. La violence des martyrs palestiniens apparaît comme une réponse désespérée face à une machine de guerre où les victimes sont anonymes, numérisées, réduites à des chiffres. La "propreté" de la guerre moderne, où les frappes sont précises, où les victimes sont souvent invisibles à travers le prisme des drones et des attaques aériennes, masque la réalité de la destruction qu'elle génère. Par ce biais, la guerre semble presque acceptable, moralement justifiable, et "propre" du côté israélien. La violence n'est ni un déchaînement brutal ni un exutoire facile, mais une lente spirale intérieure, une sorte de poids lourd qui envahit progressivement le corps, avant de s'éclater en une ultime explosion. Ce n'est pas une violence instinctive, mais calculée, rationnelle, presque méthodique.

Le film d'Abu-Assad ne cherche pas à justifier le terrorisme, mais à faire réfléchir sur ce qu'il incarne dans un contexte de guerre asymétrique, où l'inégalité des forces impose des choix extrêmes.

« *Nous sommes tous des morts en vie* », jette Khaled. Dans cette constante instance, quelle différence de mourir d'une balle perdue, de la misère ou de sa propre volonté ?
Cette phrase résume le dilemme intérieur des protagonistes : la vie, dans une Palestine occupée et asphyxiée, ne vaut plus rien. La mort, que ce soit par balle, par la misère, ou par sa propre volonté, devient une sorte de libération, une manière de résister dans un monde où l'oppression fait disparaître l'individu dans l'anonymat des souffrances collectives. Mais cette question, pourtant tragique, soulève un paradoxe central : est-ce que la violence, pour insoutenable qu'elle soit, n'est pas en elle-même un moyen d'être "visible" ? C'est en ce sens que l'on peut se rappeler les mots d'Edward Saïd : « Toute l'histoire de la lutte palestinienne a un lien avec la volonté [des Palestiniens] d'être visible ». Face à l'oubli, à la déshumanisation, à l'indifférence du monde, la Palestine, avec ses martyrs, ne disparaîtra pas. Elle reste là, dans l'histoire, dans la mémoire.

Lors de la scène finale, alors que la caméra s'attarde sur les regards figés des deux hommes avant leur dernière décision, la violence ne prend plus la forme d'une action de rébellion collective, mais d'un ultime acte de résistance individuelle. Ce n'est plus seulement le désir de tuer qui se manifeste, mais la volonté de se faire entendre et de laisser une trace.

Ainsi, à travers ce film, Hany Abu-Assad fait plus qu'une simple critique de la violence : il nous montre comment, par le biais de la fiction, un regard plus large et plus subtil peut être porté sur le monde, un monde où la violence, bien que tragique, demeure la seule forme d'expression face à une déshumanisation systématique.

Souheyla Zemani

La Palestine aujourd'hui, cinéma mutilé

Le cinéma palestinien demeure. Que ce soit à travers des productions locales ou par l'activité artistique de la diaspora, il décrit des réalités aussi triviales que tragiques.

Exil
A propos de To *a land unknown* de Mahdi Fleifel

« Tu n'as pas de frère, mon frère, pas d'ami
Pas un ami, pas de forteresse [...]
Fais de chaque barricade un pays »

Mahmoud Darwich, Une mémoire pour l'oubli – Le temps :
Beyrouth, le lieu : un jour d'août 1982.

C'est peut-être à travers ces vers cités dans le film que To *a land unknown* s'inscrit de la manière la plus significative dans le récit palestinien. C'est que le nouveau long métrage de Mahdi Fleifel peut dérouter : on y suit deux immigrés palestiniens à Athènes souhaitant rejoindre Berlin. Le tableau est tristement banal. L'exil, le parcours, le squat, les petits larcins ; et les combines, pour traverser des frontières. La Palestine en toile de fond : un tatouage, une citation, une terre lointaine, une idée. Mais plus grand-chose. Devant nos personnages, une réalité matérielle, une expérience vécue : l'exil, les migrations. C'est déjà à ce titre que le film de Mahdi Fleifel, cinéaste palestino-danois, marque les esprits. La trajectoire de ses deux protagonistes y est très ordinaire. Plusieurs nationalités côtoient d'ailleurs l'espace qu'ils fréquentent. La Palestine n'est plus un objet idéalisé, unique, spécifique : un migrant palestinien en Europe, c'est avant tout un migrant, qui subit la même réalité que n'importe quel migrant des Suds vers le Nord : clandestinité, survie, informalité.

Reda et Chatila – le nom du camp de réfugiés théâtres des massacres de Sabra et Chatila par les fascistes phalangistes avec la complicité de l'armée israélienne en 1982 – tentent avant tout de survivre dans une Europe hostile. Le scénario est efficace : un objectif justifie le déroulé de l'intrigue. Une frontière à passer. À l'inverse du vers de Darwich, où le Palestinien était appelé à faire de chaque barricade un pays, les états européens ont transformé leur frontière en barricade à conquérir, à passer, à dépasser. Ce renversement entraîne tous les autres. Nos deux personnages sont pathétiques, dénués de tout scrupule, proprement individualistes. Il n'y a pas de vertus dans l'enfer répressif qu'est l'Europe des frontières. Que ces réfugiés vivent en dépouillant d'innocentes vieilles dames passe encore ; le spectateur aura peu de mal à faire preuve d'assez d'empathie pour, sinon cautionner, accepter la nécessité de la survie. Que Reda soit rattrapé par ses addictions est très rapidement compris comme l'une des conséquences dramatiques de sa condition. C'est lorsqu'ils élaborent des stratégies pour accéder à leur fin que les choses se gâtent. L'empathie est mise à mal et l'immoralité devient discutable. *To a land unknown* ne délivre aucun cadeau. Entre réfugiés, très peu de solidarité en dehors des cercles affinitaires mais une mise en concurrence macabre et destructrice. Pour passer, il faudra laisser des frères de condition derrière soi. Pire, on pourra s'en servir, annihiler les espoirs, exploiter les maigres ressources, vampiriser les rêves. Le réfugié se mue en passeur, devient bourreau sans cesser d'être victime.

On pourrait reprocher à Mahdi Fleifel de s'en tenir à la description de structures écrasantes au sein desquelles l'individu n'a que peu d'espoir de s'émanciper, sinon en les exacerbant pour son propre salut. Dans *To a land unknown*, il n'y a pas de collectif. Pas de groupes opprimés, mais des fragments d'une condition commune qui choisissent de s'agglomérer selon les préférences affinitaires ou stratégiques du moment. Le lien familial est d'ailleurs le seul à survivre véritablement à ce cannibalisme des dominés. C'est là que le cinéma narratif peut, par l'artifice, dialectiser ce structuralisme étouffant. Car aussi immoraux nos personnages soient-ils, le *crescendo* construit par l'ingénierie scénaristique confronte l'empathie croissante que nous éprouvons pour eux aux actes auxquels ils se livrent. La fiction peut alors concilier deux tendances antinomiques.

L'identification du spectateur aux protagonistes, dispositif classique s'il en est, se heurte au rejet moral. L'artificialité d'une caractérisation fictive – donc abstraite, partielle, partiale, sciemment choisie – contourne la structure pour mieux, dans un second temps, rappeler son implacabilité. La tension qui en découle ouvre un espace pour le spectateur, et la convocation de sentiments aussi prétendument universels – l'amour et le dévouement pour un proche – n'est qu'un moyen pour le tromper. Autrement dit, la sympathie naturelle que nous éprouvons pour ces deux cousins permet ensuite d'ouvrir un monde entre espoir et effroi : espoir de réussite, effroi de la réussite. C'est cet espace de l'entre-deux qui fait de *To a land unknown* un objet qui dépasse la simple description structuraliste ; c'est aussi lui qui contribue à renverser le dispositif de l'identification. Loin d'opérer comme un outil de simplification contre l'intellect, il joue ici pour provoquer l'inconfort, presque comme une expérience de pensée abstraite pour ébranler la structure.

Car l'amour que Chatila porte à Reda a le dernier mot. C'est pour tenter de le sauver d'une overdose qu'il abandonne ses espoirs. Si près du but. D'un point de vue scénaristique, ce dernier rebondissement n'a rien d'audacieux, mais il conclut le véritable geste de *To a land unknown*. Mahdi Fleifel tranche au dernier moment contre la structure. On pourrait lui reprocher d'ouvrir un espace qu'il referme aussitôt en choisissant à la place du spectateur. On peut aussi considérer que le public européen n'a pas forcément son mot à dire dans cette affaire, et que l'auteur y est autorisé à reprendre le contrôle de son œuvre – le lecteur décidera.

Baptiste Demairé

Entretien de Elletra Bisogno et Hazem Alqaddi pour *The Roller, The Life, The Fight*

Hazem, lorsque tu parles de Gaza dans le film, on ressent tous les souvenirs que tu as de cette région. Peux-tu nous parler de ton enfance là-bas, à Gaza ?

Hazem Alqaddi : Nous n'avons pas d'enfance. Nous grandissons et commençons à travailler à l'âge de 8 ans. Il faut être indépendant, surtout quand on est un Palestinien de Gaza. J'ai travaillé dans la construction, l'électricité, les bâtiments, la pêche... J'ai maintenant une enfance en Europe, ce qui est très mauvais à cette époque de ma vie. À Gaza, j'étais dans une toute petite prison, alors qu'en Europe, j'ai l'impression d'être dans une plus grande prison. C'était une guerre physique à Gaza, nous vivions au jour le jour. Ici, il s'agit davantage d'une guerre mentale. Je dois penser à tant de choses, à des documents, à des papiers. J'ai travaillé comme concierge en Belgique, mais je me concentre maintenant sur un nouveau film, un film sur le regard nostalgique.

Souhaites-tu retourner à Gaza pour filmer ?

H : J'aimerais beaucoup, oui. Il y a tant d'histoires à raconter de là-bas, si intéressantes. Le monde n'a rien vu de ces histoires. Mais la guerre doit se terminer, cela va faire bientôt deux ans qu'elle dure, l'une des plus longues que nous ayons connues.

Tu avais déjà envie de faire des films quand tu y vivais ?

H : À Gaza, j'ai documenté la vie avec mon téléphone et j'ai réalisé un film de 9 minutes, mais personne ne peut le regarder tant il est terrifiant. Pour moi, c'est normal, car j'y suis habitué. J'ai essayé de montrer ce film en Grèce aux bénévoles et volontaires européens, mais ils n'ont pas pu le supporter. Sur le moment, je n'ai pas compris pourquoi, car je pensais qu'ils savaient ce qu'était la vie à Gaza. Mais j'ai compris alors qu'ils ne savaient rien de ce qui se passait exactement à Gaza. Ils n'en avaient jamais vu d'images. J'ai essayé de comprendre comment exprimer quelque chose, quel moyen cinématographique je devais emprunter pour expliquer les choses, pas de manière aussi directe. Puis, en Belgique, j'ai rencontré Elettra, qui était étudiante. Nous avons réalisé notre premier film, Old Child, qui parle du fait de grandir avant l'heure.

Comment avez-vous établi une continuité entre votre premier court-métrage ensemble *Old Child* et votre long-métrage *The Roller, The Life, The Fight* ?

Elettra Bisogno : *Old Child* est notre première collaboration, on s'est beaucoup amusé. C'était la rencontre, le choc émotionnel de plusieurs histoires de vies qui se mélangent. C'était un court-métrage que l'on a réalisé pendant ma dernière année d'étude à l'ERG (Ecole de recherche graphique, à Bruxelles), et j'avais envie d'approfondir, d'aller plus loin sans pour autant reprendre des études de cinéma. Je suis ensuite entrée au KASK (Académie Royale des Beaux-Arts de Gand) où l'on m'a encouragé à continuer dans cette voie. On a donc continué à filmer, en se disant qu'il restait des choses à raconter.

H : Old Child parle du sentiment qui nait lors du passage de la Turquie à la Grèce en bateau. J'ai eu l'impression de mourir lorsque j'étais dans le bateau, j'avais 18 ans. C'était comme si je me disais : « Je sais que je vais mourir, alors ça va, je suis d'accord avec ça ». Il y a des rêves, de l'espoir et tout le reste, mais tout cela mourra avec moi et ne restera pas. Après Old Child, c'est la vie et les combats en Europe. Demander l'asile, attendre cinq ans, faire beaucoup de rendez-vous administratifs, rencontrer des avocats. C'est le deuxième film, une nouvelle vie, un nouveau combat. C'est un nouveau chapitre de ma vie. Il parle également de mon hobby, le roller. Le roller fait partie de ma résilience, mais aussi de l'enfant qui est en moi, car j'aimais déjà faire du roller à Gaza.

Vous aviez déjà une idée du film final ? Ou vous filmiez comme un journal ?

E : On a vraiment fait ça comme un journal. Au KASK, j'ai connu Rosine Mbakam, qui est devenue la productrice du film. On avait des questionnements communs et on s'est je pense beaucoup nourri l'une et l'autre de nos réflexions. Elle m'a appris beaucoup sur le regard de l'autre par exemple, pour que je puisse savoir ce que l'on faisait avec ce film. On réfléchissait au fur et à mesure que le film se faisait, donc la manière de filmer a aussi évolué pendant le tournage. C'était un chemin organique.

Il y a une séquence où tu racontes tes études à Jérusalem, tu voulais déjà intégrer ces images ?

E : Au montage, on essayait de comprendre comment nos réalités avec Hazem se sont rencontrées, avant que l'on se rencontre ici, en Belgique. C'est là que j'ai dit pour la première fois à Rosine que j'ai été en Palestine. Elle a pensé que c'était une bonne idée de raconter ça d'une manière ou d'une autre. J'avais donc précieusement gardé les images que j'ai faites à Jérusalem. C'était ma première expérience avec une caméra pour prendre des photos. Je voyais combien j'étais curieuse et combien cela me faisait grandir en tant que personne d'aller vers des choses inconnues. L'idée était de lier ces éléments dans un tissage entre photo, sentiment et souvenir.

En tant qu'européens, obtenir un passeport relève en général de la simple formalité. Pour Hazem, c'est le résultat d'une bataille pour avoir un titre de séjour. On le voit appeler ton père pour fêter ça.

E : Comme cela faisait déjà un moment que je connaissais Hazem, j'étais emprunte de la même joie que lui ! Cela m'a beaucoup touchée quand son père lui a dit d'acheter de quoi le protéger, de le garder sur lui. Ok on l'a eu, mais il y a encore tellement à faire pour le garder, pour en prendre soin. Toutes ses années, on avait aucun moyen de voyager. Quel soulagement !

Il y a cette phrase que tu prononces Hazem, quand tu es revenu en Belgique : imagine que tu n'as jamais eu à te soucier des papiers et qu'un jour ce soit la seule chose qu'il te reste.

H : Les gens ne savent pas ce que c'est que d'être un Palestinien en Europe, tout comme ils ne savent pas ce qui se passe en Palestine. Il faut expliquer la situation, plusieurs fois. Mais nous ne parlons pas seulement de la Palestine, nous parlons aussi des familles, des politiciens, du changement climatique... Parfois, j'ai l'impression que ma tête va exploser !

E : En Grèce, on a obtenu ce papier pour pouvoir se déplacer librement. Mais arrivés en Belgique, on a dû refaire une demande d'asile. On comprend que les démarches administratives sont presque infinies. Et même si c'est fini dans les papiers, ce n'est pas fini dans la tête. On l'a gardé dans le film et dans cet ordre car c'était dans la continuité, et c'est ce que plein de gens vivent.

Sur le titre ?

E : Le titre a été dur à trouver, comme toute la finalisation du film. Après 4 ans de tournage, d'attente, de questionnements, on n'arrivait pas frais à la post production. Mais on avait plusieurs titres en tête. Moi j'aimais bien un titre qui a une dualité, puisqu'on était deux à réaliser le film, qu'il y avait beaucoup de contraste entre nos vies, dans ce qu'il nous arrivait... Au début, on avait pensé à The Roller and the Life, mais ensuite on a ajouté The Fight, car il y a cette énergie constante de la lutte. Ces trois mots sont des mots que l'on utilisait tout le temps, c'étaient les mots de notre vie, des mots simples mais énormes.

Vous parlez à un moment d'une école de roller à Gaza.

H : C'est une école que nous avons créé avec un ami. L'idée était d'enseigner aux plus jeunes et de se retrouver autour de cette passion. J'enseigne maintenant ici en Belgique. J'ai encore un peu de contact avec des amis avec qui je faisais du roller. Je pense que la moitié de mes amis sont morts. Je suis l'actualité 24h/24h et je regarde si je vois des noms de gens que je connais, avec qui j'ai étudié ou fait du roller. Mais quand on n'est pas sur place, c'est difficile d'y croire. Dans mon esprit, c'est difficile de concevoir que mes amis soient morts, surtout les amis proches. Je ne peux pas ressentir ce que cela fait à 100% à cause de la distance qui nous sépare. J'en souffre ici, d'y penser tout le temps. C'est handicapant, cette impuissance face à l'injustice. Parfois, je me dis que j'aurai préféré être à Gaza, au milieu de cette guerre et y mourir pour ne pas ressentir toute cette culpabilité. Même en tant que Palestinien.

E : Il y a plein de jeunes qui pratiquent le roller à Gaza. Actuellement, même malgré la guerre, il y a plein de jeunes qui essaient de s'amuser dans la ville et d'avoir ce sentiment de liberté, parce que c'est ça le roller. Hazem dit que quand il enlève les rollers, ses pieds collent au sol. Avec le Roller, il y a le mouvement de la vie.

Quand Hazem parle de la Palestine, on sent qu'il y a les souvenirs et les affects, que ça vit en lui, que ça le travaille.

E : C'est son bagage, c'est ce qu'il a emporté ici malgré lui. Pour nous, c'est un peu révolutionnaire d'avoir quelqu'un avec une énergie nouvelle. On a essayé de capturer ça. C'était ça l'idée, l'attachement à la vie et à la vitalité.

Il y a beaucoup de scènes où le sol est filmé et où tout se passe au son, comme lors de l'arrestation en Grèce. On sent que c'est spontané, que vous filmiez en fonction de la situation. Comme l'impression que le film se fait clandestinement.

E : C'est ça, et c'est ce qu'on veut questionner ; qui peut filmer et quoi ? Pourquoi l'on voit certaines choses et d'autres pas ? Des choses sont cachées et on essaye de les dévoiler, quand Hazem va dans le centre, dans le camp en Grèce, c'est plein d'images dont on n'a pas accès ici. Parce qu'elles sont cachées, personne ne veut montrer ce côté-là de l'Europe, celui de la division, de la mise à distance. Avec cette caméra et cette envie de faire un film, au début du tournage, on filmait ici, de belles choses en Belgique, et après le film s'est empiré, on s'est cogné à la réalité. Dans la scène par exemple où l'on refuse les papiers à Hazem. Il faut qu'on se demande comment continuer. La caméra devient un outil pour se défendre, pour démasquer, pour faire preuve. La caméra a eu plusieurs rôles tout au long du tournage selon ce qu'il se passait. Il fallait que ça reflète ce que l'on vivait, et on filmait par nécessité.

Il y a des spectateurs qui nous ont remercié de leur apporter un récit sur des histoires que l'on ne voit jamais. Sur la vie d'un Palestinien en Europe. On réduit souvent les migrants à des noms alors que ce sont aussi des visages et des histoires.

Je me souviens de nos premières images, quand Hazem dit qu'à Gaza c'est calme. Qui imaginait le calme de Gaza avant la guerre ? Le regard d'Hazem est nouveau pour nous européens, il soulève des questions sur ce que l'on pense et ce que l'on voit. Comment ce que l'on croit savoir est conditionné, biaisé ?

Il est important que les Palestiniens arrivés en Europe puissent faire des films, mais aussi que l'on puisse voir des images de la Palestine, de Gaza. Mais c'est très compliqué, il y a des lieux bombardés depuis des années, l'éducation peine, c'est difficile d'avoir du matériel pour filmer. Et je crois que ce dont on a besoin ici c'est de se comprendre, ce que le cinéma peut permettre de faire. On souffre plus de l'incompréhension de ce que vivent les migrants.

H : C'est important la présence de la caméra dans ces moments. et sans la caméra ils auraient pu être plus violents. Il y avait un immigré à Samos qui marchait en bord de mer, et des locaux l'ont frappé puis l'ont jeté à la mer, où il s'est noyé. Il y a beaucoup de violences. Partout. J'y ai aussi été confronté en Europe, mais j'essaye de m'en détourner, pour ne pas sombrer dans les mêmes schémas. Ce n'est pas une solution d'affronter cette violence, ce racisme qui ne fait qu'accentuer le stress et le mal-être.

Quelles séquences vous auriez aimé garder au montage et que vous avez dû évincer ?

E : Au début du montage, on avait une quinzaine de séquences de dix minutes, qui exploraient différents thèmes, différentes facettes de nos vies. Il y avait des moments de roller, des moments avec la famille d'Hazem, l'arrivée en Belgique d'amis d'Hazem ; il y a aussi les appels. Il y avait une constellation d'histoires, et on a emprunté certains chemins. Nos premières versions de montage faisaient entre deux et trois heures. Notre producteur Geoffroy Cernaix a pris en main une partie du montage, et en quelques semaines, on a structuré le film en nous concentrant sur nous deux, en enlevant la plupart des personnages extérieurs. On en a gardé certains qui donnent une idée de cette constellation d'histoires que l'on a filmé. Quand Hassan parle des pays qu'il a traversés pour arriver ici, sa parole inclut aussi les récits de tous les autres que l'on ne filme pas ou que l'on n'a pas gardé au montage. On a décidé de garder les moments avec la famille d'Hazem seulement quand il les a au téléphone, pour se concentrer sur ce qui se joue entre lui et moi. Faire le pont entre les différentes communautés. Le tout pour soulever des questions liées à notre perception de l'immigration, comment faire pour que notre société soit moins divisée, moins raciste ? C'est dans ma relation avec Hazem que j'ai pu comprendre certaines choses.

H : Il y avait des séquences trop violentes aussi, nous voulions garder le film le plus léger possible. Il y a une séquence que j'aurai aimé montrer. C'est un officier de police qui donnait des ordres avec une gestuelle très autoritaire. « You ! Come ! Go ! You ! Come ! Go ! ». Il donnait des numéros aux gens pour les appeler, ce qu'il faisait en criant comme un idiot. On aurait dit qu'il s'adressait à des animaux. Mais nous n'avons pas gardé cette scène.

Il y a deux *fights* dans le film, celui d'Hazem pour vivre en paix en Belgique et le tient pour combattre les idées reçues, les préjugés, et incarner un double point de vue ?

E : Oui, et c'était en continu ! Il y avait des confrontations constantes sur ce qu'est la vie ici, la vie là-bas, les différents points de vue sur le monde. C'étaient des discussions qui nous animait, pour comprendre l'autre. Chacun fait un bout de chemin vers la culture de l'autre. Là aussi il y a des *fights*. Mais ce n'est pas pour être fâché, c'est pour essayer de se comprendre.

Hazem, où en sont les membres de ta famille que tu as au téléphone dans le film ?

H : Mes parents ont pu rejoindre l'Europe. Ma mère regrette tous les jours d'être venue, elle ne comprend pas comment la vie fonctionne ici, elle reçoit tout le temps des amendes par exemple. Elle n'est pas habituée à tous ces documents qu'il faut remplir. C'est très dur pour elle. Elle aimerait retourner à Gaza même si ce n'est pas possible. Mon père ne souhaite pas y retourner. Mon ami coiffeur que je retrouve dans le camp en Grèce est aujourd'hui en Belgique, mais nous ne nous voyons plus trop. Ici, chacun a sa vie, ce n'est pas comme à Gaza où nous avions le temps de nous voir. Gaza est une ville très petite également, on fait le tour en une heure en voiture. On prenait nos vélos et on pouvait se retrouver rapidement. Ici, c'est très différent, chacun s'occupe d'obtenir ses papiers pour pouvoir rester, répondre aux entretiens administratifs. Passer du bon temps avec des amis n'est pas une priorité dans ces conditions.

Propos recueillis et traduis par William Delgrande

Regards sur la Palestine

Comme le Vietnam, la cause palestinienne fait l'objet d'un formidable mouvement de solidarité dans le monde. Malgré la répression des gouvernements impérialistes, elle est à l'origine de nombreuses œuvres cinématographiques construites ou pensées en-dehors de la Palestine. Au risque de construire un cinéma propalestinien *sans* Palestiniens ?

Ici ou ailleurs ? : des luttes cinématographiques occidentales contre l'impérialisme et de leurs distances

Comment écrire sur un cinéma que l'on ne connaît pas, comment partager des luttes que l'on ne vit pas, immédiatement, comment rendre compte des terres que l'on n'a pas foulé ? Pourquoi filmer ce qui nous est proprement étranger, c'est-à-dire extérieur, et à notre connaissance, et à notre expérience la plus intime ?

Ici, maintenant : partir d'un contemporain

Ce numéro a pour objectif de partager tout un pan de cinéma oublié, caché, voire détruit. D'écrire sur des images que l'on a colonisées avec leurs terres, que l'on opprime après leurs acteurs. Mais la première image de Palestine que l'on perçoit, en Occident, au XXIe siècle, est celle d'une distance. On croit démarrer par le contemporain, par l'immédiat. Nous ne percevons que notre distance actuelle. D'abord, la télévision occidentale, colonisatrice des images : elle nous transmet sa mise en scène impérialiste, c'est-à-dire premièrement formatée pour les impérialistes. De ce fait, elle nous distancie d'emblée, non seulement de toute réalité politique, mais de toute vérité territoriale même. L'image de guerre occidentale ne rend compte d'espaces géographiques que comme champs de batailles, zones de combats, périmètres à conquérir et immeubles à éradiquer. En somme, l'inconnu devient un pixel à éradiquer. Ensuite, vient l'image cinématographique occidentale. Mais se positionne-t-elle véritablement en rupture face à la mise en scène télévisuelle à laquelle elle réagit ?

Longtemps, le cinéma occidental aura servi le même objectif impérialiste dont a hérité la télévision, dorénavant bien plus accommodante pour l'Etat : i24 en 2024, *Exodus* en 1960, le Palestinien comme nouvel Amérindien ou étranger radical, profondément déshumanisé. De nos jours, nous pensons avoir trouvé une arme contemporaine. Mais le documentaire, qui se voudrait plus humain, qui s'oppose au standard télévisuel occidental, ne le fait parfois qu'en apparence, au prix de tout contenu politique. En fait, il accepte sa distance, il la revendique presque, et la transforme en vertu esthétique, mais jamais sans en prendre acte : elle est assumée comme valeur en elle-même, bienfait de l'art pur. Quand *La Belle de Gaza* sort le 29 mai dernier dans les salles françaises, jamais la réalisatrice française Yolande Zaubermann n'a pensé aux plus de trente mille morts palestiniens déjà identifiés. Elle n'a pensé le Palestinien que comme figure abstraite de l'homophobie, puis en a retiré la terre pour vendre l'authenticité de son art. Quand *Voyage à Gaza* sort le 6 novembre dernier, le cinéaste italien Piero Usberti n'a pas pu réduire la distance qui le sépare de Gaza, même en l'affichant. Même en l'affichant ?

De la télévision au documentaire dit "de cinéma", nous restons, contemporains, occidentaux, drastiquement éloignés de la situation palestinienne. Nous ne subissons pas les bombes, nous les produisons, et si nous ne les produisons pas, nous participons financièrement à leur production (Coca-cola, Danone, Nestlé, Intel, L'Oréal, Celio, Timberland, Disney, McDonald's, Accorhotel, Cigarettes Morris). Alors, chaque image produite et/ou visionnée ne semble être qu'un pas de plus vers le gouffre de notre inconscience. Cette distance nous condamne-t-elle ? Bien au contraire. Elle est l'arme de celui qui, non content de l'exposer, souhaite en faire sa réflexion critique. Nous, contemporains, restons drastiquement éloignés de la situation palestinienne. Notre image immédiate de la Palestine est celle d'une médiation. Mais nous, militants, ou véritables humanistes, n'y sommes pas insensibles.

Le geste critique contre le colonialisme des images

Ecrire sur le cinéma palestinien, sur son histoire, doit passer par le constat d'une distance, du contemporain, et de notre perception occidentale. Filmer la résistance palestinienne ne serait pas possible sans un même constat. Dans un cas comme dans l'autre, nous cherchons à connaître la Palestine contemporaine comme réalité humaine et politique. Une telle connaissance ne pourra bien sûr se faire hors de la lutte anti-impérialiste. Il s'agit de décoloniser l'image. A quoi correspond cette décolonisation, en apparence bien plus abstraite que la lutte vitale qui se déroule à quelques milliers de kilomètres ? Le geste critique est par-là même un projet cinématographique. Pour lutter contre des *Exodus*, nous avons eu quelques *Alexandrie pourquoi ?* : Youssef Chahine, cinéaste égyptien, figure phare du panarabisme des années 50 et 60, y récupère le mélodrame hollywoodien à son compte pour en faire exploser le récit mythifié, de la naissance de l'Etat d'Israël à l'impérialisme glorieux.

La distance est fictive, elle est intégrée à son dispositif, propre d'un cinéma observé comme expérience. L'influence hollywoodienne de la forme est celle d'une culture vécue au quotidien. Certes, les images d'archives semblent briser la totalité de l'image chorale du mélodrame. Elles en sont aussi constitutives : la guerre (ici, la Seconde Guerre mondiale mais aussi ses conflits adjacents) est le socle commun de l'existence de ceux qui la subissent ; médiatisée, elle devient surtout la colonisation même des esprits. D'où la violence des images, montées au sein du métrage comme ces pulsions, soubresauts qui réactivent un impérialisme visuel. Surtout, elles s'intègrent dans un dispositif.

Le jeune Chahine se rend au cinéma, plusieurs fois dans le film. Avant les images de Fred Astaire dansant tout sourire, nous avons peut-être celles des courts programmes animés, et puis celles des décombres et de la poussière. Ce cinéma est un passage. L'un ne va pas sans l'autre : il n'y a pas de réponse, de la fiction à la réalité, de la réalité à la fiction, il y a la production unilatérale et industrialisée d'images faites pour englober des expériences et régir les consciences politiques. Dans l'enchaînement incessant entre les deux propositions, l'écrasement constant de l'intime par la force impérialiste, Chahine ramène l'esthétique hollywoodienne à sa nature oppressive, et détourne le point de fuite vers la réalité. On ne verra jamais la Palestine, elle reste l'invisible cœur du film : "La guerre est terminée, mais en Palestine les batailles font rage et pourraient encore durer cent ans. [...] J'ai vu le judaïsme devenir une nationalité dans le sang et la violence", déclare Nadia, égyptienne et de confession juive, dans une lettre à son mari.

On ne peut ni écrire sur la Palestine ni filmer aucune part de sa réalité, aucun individu y vivant, sans rendre compte de l'oppression impérialiste. Son quotidien même est ancré dans cette oppression. On ne peut ni écrire sur la Palestine ni la filmer sans rendre compte de notre perception, nécessairement, premièrement, impérialiste. Mais on peut, comme Chahine, par l'intermède de son récit d'enfance, la briser, la fracturer. On peut aussi en tirer des fragments de réalité, germes de nouvelles représentations éloignées. Et si on retourne la caméra contre sa production coloniale, on peut aussi bien montrer la lutte qui naît de cette oppression. Réellement montrer la lutte, c'est-à-dire se faire soi-même acteur, plus que militants, observateur guérilleros. De cette lutte, la forme filmique en est pleine, elle ne peut en être autrement.

En 1971, Koji Wakamatsu et Masao Adachi, réalisateurs japonais (dont on reparle plus spécifiquement dans ce numéro), reviennent du festival de Cannes quand ils partent au Liban rencontrer la section japonaise du FPLP (Front Populaire de Libération de la Palestine, organisation marxiste-léniniste). Ils venaient alors de présenter leur long-métrage *Sex Jack*, film coécrit, variation de *pinku-eiga* au sein d'un groupe d'étudiants révolutionnaires. On y observait déjà la reproduction des relations de pouvoir. Quelques jours plus tard, ils atterrissent dans les camps libanais de *fedayin* (francs-tireurs). Dans sa lignée pratique, *Armée rouge – FPLP : Déclaration de guerre mondiale* s'autorise tout de même une autre redéfinition des bases de la lutte anti-impérialiste et anticapitaliste. Le but de cette déclaration était premièrement de « *créer une méthodologie de la propagande* ». L'œuvre de propagande ne renie pas son inscription esthétique : elle se l'accapare et l'utilise, comme un outil à ses fins et non comme une fin. Wakamatsu et Adachi se sont faits réalisateurs guérilleros, ils sont partis de Cannes pour former un manifeste d'existence définissant une lutte armée *et* esthétique. Cette lutte est esthétique justement parce que ses actions, mêmes armées, sont d'abord propres à une revendication ontologique : la lutte *continue* tant qu'elle s'expose, et elle n'existe que tant qu'elle *continue*. Le montage de témoignages et d'affirmations écrites poursuivent cette dialectique qui vise à faire émerger les modalités continues de la lutte.

En 1970, Jean-Luc Godard commence un nouveau film avec ses collaborateur.ices du groupe Dziga Vertov, Anne-Marie Miéville et Jean-Pierre Gorin. Il s'agit de *Jusqu'à la victoire*, financé par l'OLP (l'Organisation de Libération de la Palestine) pour diffuser l'image du camp palestinien d'Amman en Jordanie, où se déroulera également *Armée rouge – FPLP*.

Le film est alors divisé en cinq parties :

1. La volonté du peuple
2. La lutte armée
3. Le travail politique
4. La guerre prolongée
5. Jusqu'à la victoire

On a d'abord perdu les images.

Loin du Vietnam

Filmer la lutte, c'est évidemment la représenter, lui créer un espace. C'est aussi revendiquer une véritable distance avec la médiatisation contemporaine, faire de sa caméra une arme, si l'on accepte d'évoquer un tel lieu commun. On ne pourra pas filmer les palestinien.nes sans filmer l'oppression, on ne pourrait filmer l'oppression sans rendre compte de la lutte qui s'imbrique en réponse, et de l'humanité qu'elle préserve. Ce geste radical, de léguer son film à la lutte, de s'y donner corps même, est le seul qui semble préserver le filmeur de l'aliénation de son image, le seul qui puisse en garantir la pleine activité : on osera dire, le seul qui soit *praxis*. En tant que tel, on l'a vu, ce geste replace l'esthétique dans une finalité extérieure, il en refait un passage vers le réel, brisant la clôture de l'illusion. Mais, ce geste, est-il préservé de la distance ? Ou plutôt s'est-il rapproché ? Il s'est ouvert, il s'oppose à l'impérialisme et à ce titre on pourrait dire qu'il le critique, mais s'est-il réellement constitué en ce qu'on appellerait un *geste critique* ?

Horkheimer, cofondateur de l'Institut de recherche social et de ce qu'on aura appelé l'Ecole de Francfort, écrit : "Dans une période historique comme la nôtre, la théorie vraie est moins affirmative que critique". Pour quiconque s'intéresse à ce geste artistique que nous appelons "critique", ces mots ne forment pas qu'une dispensable méthodologie épistémologique mais représentent le cœur d'une définition réflexive de cette approche de la connaissance. Le lieu contemporain de la vérité transcendante est ramené à l'intérieur du geste même, de la *dynamique critique*.

Dans l'essai *On Ici et Ailleurs*, tiré d'une conférence tenue le 29 mars 1987 à l'université de Berlin-Ouest, Harun Farocki revient sur bien d'autres matières et sur Godard. L'œuvre du cinéaste allemand, essentiellement composée de formes de remontages, est souvent cataloguée dans la vague appellation de l'expérimental, au mieux dans un certain cinéma d'essayiste. Son texte n'a peut-être rien de proprement visuel, mais il conserve la riche concision de ses images. D'abord, celle d'une base aérienne : un atterrissage et la formation d'un espace industriel. De fait, tout commence par le financement, par l'OLP, du film de Godard, et d'une stratégie de détournement des avions de ligne, notamment à travers le FPLP. Godard, lui, voudrait peut-être former une base, c'est-à-dire un espace qui au sein de son image constituerait une rampe de lancement. En quelque sorte, il a cru pouvoir domestiquer un ailleurs dans son discours, travailler un lieu enfermé dans sa rhétorique.

Mais en septembre 1970, quand Godard repart de sa base, le FPLP détourne trois autres avions sur une ancienne base à Zarka, ville à majorité palestinienne au nord-est d'Amman. Le 12 septembre, les pirates de l'air font exploser les trois avions vides. En résultent trois carcasses qui procurent au roi Hussein, assuré du soutien des États-Unis et d'Israël, le prétexte d'une offensive sur les camps militaires palestiniens en Jordanie. Le 16 septembre commence réellement le mois du "Septembre noir". Dans ce mois, qui a duré près d'un an, ont disparu les sujets mêmes de la lutte armée, du travail politique, de toute guerre et de toute volonté. Avec près de dix mille morts, ce n'est pas qu'on ne peut plus parler de victoire, c'est que le sujet d'une victoire palestinienne en Jordanie a disparu. Les images ont été consumées, et avec elles tout espace de lutte. La barrière qui s'est opposé à Godard n'est pas que strictement physique : certes, tout sujet semble avoir disparu, mais pas comme un scientifique perdrait son sujet d'étude, au contraire, Godard a surtout été confronté à son incapacité profonde à produire son sujet. Farocki nous dit : *"Peut-être que faire des images en Palestine était si difficile pour Godard - les 6 000 dollars de la Ligue arabe n'ont pas facilité les choses - parce qu'il a compris que si les Palestiniens devaient apporter quelque chose de nouveau au monde, les images ne seraient pas capables de le saisir"*. Le "Septembre noir" n'a pas que barré la route de "Jusqu'à la victoire", cet évènement a composé la réaffirmation de la réalité politique sur le projet esthétique godardien. Dix mille morts, qui ne sont pas lui, qui ne pourraient pas être lui, même pas un seul qui pourrait s'en rapprocher un tant soit peu, et tant d'autres séparent Godard de la lutte, non pas que dans l'instant physique du conflit mais surtout rétroactivement dans la formation de son sujet.

Trois ans avant, plus loin encore, dans le passé, en Orient, Godard s'interrogeait pourtant déjà : « *Comment parler des bombes alors qu'on ne les reçoit pas sur la tête ?* ». Pourquoi a-t-il si mal répondu à sa propre question ? Sans doute, le cinéma comme *action directe* croit ou nous fait croire à l'équivalence entre l'urgence de la pratique et son effectivité instantanée. Dans le même lieu, il compose justement un lien qu'il voudrait immédiat avec son sujet. Quelque part, on stagne, le texte ne redouble que l'image et les deux deviennent obstacles. Pourtant, le long-métrage dans lequel s'intégrait le segment "Caméra-œil" de Godard (évoquant son Groupe Dziga Vertov ultérieur), *Loin du Vietnam*, était déjà un retour distancé sur la lutte anti-impérialiste et, toujours, anticapitaliste.

Le film collectif, coordonné par Chris Marker, défend l'indépendance révolutionnaire du Vietnam et détourne la figure de l'auteur, qu'on dirait prédominante dans la Nouvelle vague. Si le collectif est un auteur, il ne l'est plus au sens d'autorité transcendante, portant un primat sur l'œuvre, car son produit est en perpétuel reconfiguration. C'est le fruit collectif qui définit son sujet en tant qu'agglomérat de pensées et d'images. Dès lors, cet agglomérat ne se distingue pas de son sujet révolutionnaire. Il compose, non plus une vérité instantanée ou un accès direct à la connaissance de la lutte, mais la réflexion interne de sa lutte en tant que ce qui est indissociable *ici* de ce qui se passe *ailleurs*. L'agglomération est un affinage d'images, taillées au montage non pas pour les polir individuellement mais pour en faire ressortir les aspérités et les correspondances.

Loin du Vietnam mêle œuvres, manifestations, discours, professions de foi. On sait que Marker a commencé en partie dans le cinéma-directe, ou l'exploitation d'une vérité *vertovienne*, comme avec *Le Joli mai* en 1962, documentaire directement inspiré des contributions de Jean Rouch et Edgar Morin à un cinéma-vérité. Mais *Loin du Vietnam* n'est pas un film de *reporter* qui se plaît dans le pré-mâchage technique de sa perception : ici, on ne prend pas la décision ferme et arbitraire de l'obturateur comme l'expression d'une vérité divinisée, on mêle la captation du terrain, du poste avancé ou de la base en retrait, avec la conscience que jamais l'image ne pourrait se substituer à l'expérience du réel.

Ce n'est pas que le *reporter* n'expérimente pas le réel, c'est que sa production est nécessairement une découpe apposée à cette expérience, et une découpe qui en tant que telle nécessite à la fois d'être considérée dans sa fragmentation et, pour être envisagée en part du réel, reliée à une chaîne d'informations. L'image reste en soi brute, mais son rôle varie au sein de son agglomérat. D'où l'œil, et la caméra, filmés directement pour montrer leurs outillages de médiations.

Des images obstacles

Loin du Vietnam nous impose une distance réflexive qui fait tout le geste critique, en tant qu'il est pratique de la réflexion, pratique des mots et des images qui se délivrent de leurs chaînes invisibles. En 1973, quand Godard et Miéville ont accepté cette distance, iels l'ont affichée et simultanément l'ont réfléchie. Sans Gorin, "Jusqu'à la victoire" devient bien sûr *Ici et Ailleurs*. On filme l'ailleurs, mais plus dans la vérité quotidienne de l'authenticité, ni dans celle du ciné-journal, ni dans la lutte séparée, distincte, ou incorporée en totalité autonome. La base aérienne isolée est toujours apercevable, mais en champ incomplet. Autre plan, le *home movie* : ce contemporain est une famille française de la petite bourgeoisie, enfermée dans sa médiation. Le contrechamp n'est pas qu'une réaction au champ, il est l'enquête d'une causalité, ou l'observation d'une structure affiliée. Ce constat est primordial pour quiconque, souhaitant connaître la trace historique d'un cinéma, se confronte à la barrière de *son* contemporain, ici, maintenant.

Godard et Miéville ne pouvaient pas produire des images pour les Palestiniens, et iels ne pouvaient donc certainement pas produire des images de Palestine tout court, mais iels n'étaient pas insensibles à la médiation proposée. Iels ont remonté leurs images, les mêmes, mais de différentes façons, confrontées, sous-titrées : recontextualisées et *textualisées*.

« Godard n'a rien pu filmer de nouveau en Palestine.
Il a fait ses images de marque, fait répéter un texte qu'une autre personne lit à haute voix, et présenté les différences entre le texte et le locuteur, comme dans un film de Godard.
Des Palestiniens du département de la politique, de la culture et de la propagande ont aidé à gérer la production.
Comment parvient-on à parler sans commander, à montrer sans aveugler ?
Dans aucun autre film, Godard ne s'est senti aussi honteux du fait que ces questions doivent être les premières à poser ».

Farocki aussi a commencé dans une forme de cinéma-direct. Ses premiers films, plus proches du tract que de l'essai, visent à entraîner un soubresaut de mobilisation. White Christmas en 1968, tout juste quelques minutes, correspond à un montage d'images à la propagande presque mécanique. Les neiges immaculées sont opposées aux pluies de bombes comme le Noël américanisé à la lutte armée vietnamienne. Un véritable cadeau ! Un an plus tard, *Le Feu inextinguible* n'est pas insensible aux questions posées par ces images et se recentre sur la question, intensément *farockienne*, de la production (économique, artistique). Parfois, Farocki a même été acteur de ces questionnements au sens cinématographique, semblant porter la cause à bouts de bras, participant aux luttes devant et derrière la caméra. Il n'a semble-t-il jamais directement produit d'image de la Palestine. Mais il a écrit dessus, et dans une langue d'une beauté technique et d'une contemporanéité saisissantes. Que les images deviennent des barrages de l'histoire, et ses textes se mueront en hachures.

Virgile Brunet

L'archive contre l'effacement
À propos de Loot and Hidden : Palestinian Archives in Israel (2018)

Les archives palestiniennes : une mémoire pillée

Lors de l'invasion du Liban en 1982, les militaires israéliens pillent le département des Archives et du Cinéma de l'Institut du Cinéma Palestinien. Celui-ci avait été créé en 1976 dans le but de documenter la vie et la lutte des Palestiniens et s'était réfugié à Beyrouth pour échapper au contrôle de l'État israélien. Au cours de l'opération militaire originellement destinée à traquer des membres de l'OLP, Israël confisque l'intégralité des archives de l'institut (images, documents, photographies et films) malgré l'exil à Beyrouth. Rona Sela, universitaire et cinéaste vivant à Tel Aviv, tombe par accident sur des photographies récupérées sur des cadavres de Palestiniens durant ses recherches au sein des archives militaires israéliennes en 1998. Parmi elles, quelques-unes de Khalil Rassas, considéré comme le père du photojournalisme palestinien. Elle décide ensuite d'explorer plus en profondeur les archives militaires à la recherche de documents comme ceux-ci, volés par l'armée israélienne. Cependant, l'accès aux archives est extrêmement contrôlé, certains documents sont ouverts à la consultation après un minimum de cinq décennies d'interdiction. Pour d'autres, le délai d'interdiction est simplement indéfini. Accéder à ces archives est donc une lutte et c'est pour cela qu'entre sa première découverte en 1998 et la sortie du film qui les exhume en 2018 se passent vingt ans. Le fruit de ces recherches est le documentaire *Looted and Hidden - Palestinian archives in Israël* sorti en 2018, constitué intégralement de ces archives, si longtemps cachées, dissimulées, dans les institutions israéliennes.

Un montage d'archives critique

Le film suit une ligne proche de Chris Marker (*Lettres de Sibérie*, *Le fond de l'air est rouge*) du fait de son dispositif critique vis-à-vis de l'histoire dominante propagée par l'État colonial israélien. Il déploie ces archives avec une structure chapitrée, donnant une voix aux acteurs principaux de l'histoire de celles-ci. Les textes lus sont issus d'entretiens que Rona Sela a mené avec certaines personnes concernées par ces archives. Le moyen métrage donne ainsi une incarnation aux archivistes, documentalistes, cinéastes palestiniens et leur travail intrinsèquement lié à la situation du conflit qui leur est contemporaine.

Le montage des images d'archives suit ce récit chronologique à plusieurs voix, en commençant et finissant par celle de la cinéaste qui s'inscrit explicitement dans ce travail de mémoire. Cette structure permet d'explorer l'histoire du cinéma palestinien, de ses luttes dans le passé, mais elle permet aussi, avec les chapitres d'ouverture et de clôture du dispositif, de ne pas oublier de lier cette histoire au présent, à ce qu'il se passe actuellement, dans une vision benjaminienne de l'histoire. Exemplairement, la dernière partie du film s'ouvre sur la voix de la cinéaste qui raconte une rencontre avec le fils du couple de peintres Tamam Al-Akhal et Ismail Shammout. Celui-ci montre à la cinéaste une photographie de l'ancienne maison de ses parents, prise récemment, qu'il retrouve dans l'un des tableaux de sa mère représentant l'exil (*Uprooting*). La cinéaste lui présente alors un des films qu'elle a retrouvés (*Yaffa* [1951] réalisé par Carmel Newsreel) dans lequel on reconnaît clairement la maison de ses parents. Elle superpose la photographie en couleurs prise par le fils sur les images du film de 1951 en noir et blanc, liant passé et présent dans un même plan de façon claire et émouvante.

En effet, le passé n'est jamais loin, les actions d'effacement de la culture palestinienne lors du pillage des archives à Beyrouth en 1982 ne doivent pas être séparées de la volonté d'effacement intégral de la culture et de la population palestinienne en cours. Les actions de l'État israélien sont à prendre dans un ensemble global : celui de l'effacement de la population palestinienne, par tous les moyens possibles. S'attaquer à la culture du pays colonisé est un geste classique d'un pays colonisateur, comme le dit Frantz Fanon dans *Les Damnés de la Terre* : « Le colonialisme ne se satisfait pas de l'inertie dans laquelle il maintient le peuple colonisé. Après avoir constaté l'absence de résistance organisée, il s'efforce de liquider les formes culturelles locales. » La confiscation des archives palestiniennes par Israël illustre parfaitement ce phénomène : elle prive les Palestiniens de leur capacité à affirmer leur culture dans un cadre politique et militant. D'autant plus que ce qui marque la cinéaste dans ses recherches est la rhétorique qui accompagne ces documents au sein des archives israéliennes. Cette rhétorique, comme elle le dit dans le film, participe au narratif israélien. Elle note par exemple l'emploi du terme d'« israélo-arabe » plutôt que celui de Palestiniens, et d'autres terminologies visant à déshumaniser les Palestiniens présents sur les documents dans la légende qui les accompagne. En confisquant les archives palestiniennes à leur peuple, les institutions israéliennes participent à une dissimulation de ces documents, rangés aléatoirement dans les archives militaires et coupés de l'espace public, mais aussi à un détournement du sens qu'ils ont en les faisant coller à leur rhétorique coloniale.

Le film est ainsi un essai critique, éminemment politique, qui se construit avant tout comme une opposition totale au récit propagandiste israélien qui cherche à effacer toute trace des Palestiniens et de leur histoire, en s'acharnant à essayer de détruire leur mémoire. Et pour cela, le film porte une croyance très forte en la capacité des images cinématographiques à être des documents porteurs d'une mémoire collective autour de laquelle se construit un peuple. À la fois dans ses possibilités de diffusion et dans ses capacités mécaniques, le cinéma – comme le dit Bazin dans son texte sur l'ontologie de l'image photographique – est l'aboutissement d'une croyance en la capacité de l'art à rendre l'Homme immortel, à faire revivre ceux qui ne sont plus et qui ont été. Puisque c'est aussi cela le projet du film : faire revivre ces images volées et cachées depuis près de quarante ans, et par ce même geste, faire revivre les personnes qui y figurent. Faire voyager ces images, les compiler ensemble dans un montage critique afin de mettre en crise le récit du colonisateur et partager, propager, la lutte palestinienne. Toutes les personnes qui apparaissent sur l'écran, et les quelques voix que l'on entend en voix-off ont une présence fantomatique absolument tragique. Le geste de montage du film véhicule deux idées opposées d'absence et de présence mises en jeu dans le dispositif cinématographique. D'une part, l'articulation des images qui tend à faire ressortir des figures, des visages implique une certaine croyance en la possibilité d'une « résurrection » des morts, qui sont « sauvés » de l'oubli par l'effet de la projection. D'autre part, ce montage et ces voix tristes illustrent le sentiment d'impuissance funeste qui caractérise la situation palestinienne.

Que faire alors de ces images de morts, de ces présences fantomatiques, si ce n'est déjà, et avant tout, les regarder. Accorder un regard à ces vies brisées, tout en n'oubliant pas de s'interroger, d'avoir un regard critique sur nos sociétés et la façon dont elles traitent ce conflit depuis toujours. S'interroger sur le deux poids - deux mesures des médias télévisuels et leurs responsabilités. Une étude menée par *Arrêt sur Images*[12] sur une période de dix jours du 4 au 15 février 2024 démontre que sur 29 heures de journal télévisé, toutes chaînes confondues, seulement cinq minutes ont été accordées à la situation des civils Palestiniens, pourtant sous les bombes (cinq minutes sur le

---

[12] Loris Guémart, « TF1, France 2 : 29 heures de JT, 5 minutes pour les Gazaoui.es », *Arrêt sur image*, 2024 : https://www.arretsurimages.net/articles/tf1-france-2-29-heures-de-jt-5-minutes-pour-les-gazaouies.

journal de France 2). Or, comme le dit Christa Blümlinger, « plus les représentations médiales se multiplient, plus elles réduisent à l'inexistence ce qu'elles n'ont pas saisi ». En abreuvant leurs spectateurs de contenus (des reportages sur cette période étaient par exemple accordés à la chanteuse Taylor Swift et son influence possible sur les élections américaines), et en n'évoquant quasiment pas la situation des civils palestiniens, nos médias télévisuels ont joué le jeu (et continuent à le jouer en invitant par exemple Benjamin Netanyahu sur leurs plateaux) de la propagande israélienne qui tend à nier l'existence du peuple palestinien.

C'est aussi pour ce qu'il fait apparaître des manquements de nos sociétés que le film est particulièrement critique du discours dominant sur le conflit, répété et repris par nos médias nationaux. Il nous amène à quitter le flux des informations de l'actualité qui nous aveugle pour nous remémorer ce qui est caché, mis sous silence, en nous donnant à regarder et à écouter ces récits de lutte des Palestiniens, ces travaux d'archivistes, avec l'histoire d'une cinémathèque palestinienne qui visait justement à répertorier les luttes contre l'État colonial qui a toujours cherché à effacer la Palestine, sa culture et son histoire. Rona Sela nous amène ainsi à identifier des figures de la résistance palestinienne, à entendre leurs récits, en leur donnant une voix, une incarnation sonore. Des figures qu'il faut nommer ici : Khadijeh Habashneh (réalisatrice, archiviste et créatrice de l'Institut du cinéma Palestinien qu'elle dirige de 1976 à 1982) et Sabri Jiryis (directeur du centre de recherche de l'OLP et écrivain) sont parmi les narrateurs du récit en voix off. Mais le film mentionne aussi Mustafa Abu Ali (cinéaste révolutionnaire majeur), Ismail Shammout (peintre engagé dans la lutte) ou encore Tamam Al-Akhal (artiste peintre pionnière de l'art moderne Palestinien). Il nous invite ainsi à aller contre la réification du peuple palestinien dont on ne parle qu'en chiffres pour annoncer le nombre de victimes de la veille sans trop s'en soucier. Les archives mises en montage par la réalisatrice nous donnent à voir ce qui s'apparente à une mémoire collective du peuple palestinien. Elle nous montre des éléments de la culture palestinienne, à l'image du chapitre sur le peintre Ismail Shammout où les archives cinématographiques sont rejointes par des peintures d'un style remarquable. Shammout a d'ailleurs réalisé un clip musical d'un chant militant ainsi que de très nombreuses affiches de propagandes pour la lutte palestinienne.

Deux voix de la culpabilité israélienne

Le troisième chapitre du film est consacré à la parole d'un ancien soldat israélien, ex-membre de l'IDF (*Israel Defense Forces*) qui était présent lors de la confiscation des archives en 1982 à Beyrouth. Le soldat s'adresse à la réalisatrice en expliquant qu'il ne comprenait pas l'intérêt de sa mission, tout comme il ne comprenait pas la guerre qu'il menait contre le Liban. Son témoignage est important pour ce qu'il dit sur la potentialité politique et militaire des images photographiques et cinématographiques. Il raconte en effet que pendant la récupération des images, il s'est vu sur une des photographies des militants palestiniens et que cela lui a glacé le sang. Les images apparaissent à cet instant dans toute leur puissance militaire, les résistants Palestiniens enregistrant les visages des soldats afin de les identifier et de les traquer. S'ensuit, dans le cours des images, un plan de militaires israéliens portant des masques blancs qui leur cachent l'intégralité du visage, qui leur donnent une figure cauchemardesque.

Ce chapitre permet aussi de ne pas essentialiser la population israélienne, en donnant une voix à un ancien militaire qui remet en question les missions qu'on lui a confiées, la guerre qu'on lui a fait mener. Une voix que le narratif colonial préfère passer sous silence, qui met en crise la propagande militaire en faisant état de doutes et de regrets quant au bien-fondé des opérations militaires israéliennes. Une voix porteuse de culpabilité, tout comme celle de la réalisatrice qui ne cache pas son héritage familial sioniste, étant descendante de colons qui se sont installés dans le village palestinien, alors désert, de Aqir. Deux voix israéliennes accompagnent ainsi les voix palestiniennes des autres chapitres, énonçant par leur culpabilité toute leur solidarité avec le peuple opprimé de Palestine.

Restituer la mémoire, résister à l'effacement

Contrairement à ce qu'en dit la propagande israélienne, le peuple palestinien n'est pas un peuple sans histoire ni culture mais un peuple qui a des figures artistiques importantes dont les œuvres ont été confisquées, pillées et parfois détruites par l'occupant. *Looted and Hidden - Palestinian archives in Israël* se construit sur cette confiscation injuste, essaye de rendre accessible ce qui ne l'est pas, rangés dans les archives militaires israéliennes auxquelles il est difficile d'accéder comme l'explique la cinéaste :

> « *Je suis consciente des problèmes inhérents à mon travail. Parce que les archives israéliennes détiennent les documents palestiniens par la force, les Palestiniens sont confrontés à des limitations d'accès. Il est vrai que je me suis battue pour ouvrir les archives et que j'y suis partiellement parvenue. Mais je ne peux le faire que parce que je suis israélienne* ».

Le film remplit ainsi la fonction de diffuser, au plus large nombre de spectateurs possibles, les archives palestiniennes, ce pourquoi la réalisatrice prend soin de citer explicitement la source de chaque image à leur apparition lorsque cela lui est possible. Rona Sela se donne également la responsabilité de restituer les documents aux personnes qui les ont créés ou à leurs proches. L'importance politique du film est donc cruciale, il tend à rendre aux palestiniens ce travail conséquent d'archives mené notamment par plusieurs institutions révolutionnaires : le Centre de recherche Palestinien, l'Institut du cinéma palestinien et l'Unité de la culture et des arts de l'OLP. Ces structures se sont entièrement consacrées à la documentation de l'existence palestinienne, à la préservation de son histoire, ainsi qu'à la recherche et l'écriture de son patrimoine visuel et écrit à partir de la fin des années 1960. Des documents porteurs d'une mémoire cruciale pour lutter, comme le dit Foucault dans un article publié dans Les Cahiers du Cinéma en 1974 :

> « *Comme la mémoire est quand même un gros facteur de lutte (c'est bien en effet, dans une espèce de dynamique consciente de l'histoire que les luttes se développent), si on tient la mémoire des gens, on tient leur dynamisme. Et on tient leur expérience, leur savoir sur les luttes antérieures* ».

L'objectif du film est donc de restituer au peuple palestinien sa mémoire, ses images, ses représentations, ce qui rapproche la démarche de Rona Sela de celle du Festival Ciné-Palestine qui se donne comme objectif de valoriser le cinéma palestinien contemporain et ses archives. En réemployant ces images d'archives confisquées et censurées par l'oppresseur dans un montage critique, Rona Sela construit un documentaire qui explore en profondeur les structures d'oppressions israéliennes ayant pour volonté la négation totale du peuple palestinien et l'effacement de sa mémoire. Un effacement qui touche autant à l'effacement des vies humaines qu'à celui des figures politiques, militantes et artistiques palestiniennes. Or, « la mémoire fonde la chaîne de la tradition qui transmet l'événement de génération en génération[13] » ; c'est pour cela qu'elle est autant visée par les États colonisateurs. *Looted and Hidden - Palestinian archives in Israël* parvient avec brio à mener une réflexion critique sur ces actions colonialistes, tout en libérant les archives emprisonnées depuis trop longtemps, les offrant au regard de tous. À travers l'exhumation de ces fragments de mémoire volée, *Looted and Hidden* oppose à la politique de l'effacement une résistance

---

[13] Walter Benjamin, « Le Conteur », dans *Oeuvres III,* Paris, Folio Essais, 2000.

obstinée : celle de redonner aux Palestiniens leur histoire, leur culture, leur voix — car se souvenir, c'est déjà lutter.

Romain Rousset

Children Nevertheless (1979) et *Women in struggle* (2005) : la résistance pour et par les femmes

Souvent mises de côté par les récits *a posteriori*, les femmes ont évidemment des rôles prégnants dans les différentes révoltes à travers l'Histoire et le monde. Dans A *Sense of Loss* (1972) de Marcel Ophüls, sur la guerre civile en Irlande, des figures telles que Bernadette Devlin s'expriment pour rappeler l'importance du féminisme dans les combats et des films comme *Mother Ireland* sont là pour nous rappeler que des groupes de femmes ont non seulement fait partie des révoltes, mais qu'elles ont aussi essayé de s'exprimer à ce sujet. Les Irlandais se sont souvent sentis historiquement affiliés à la cause palestinienne et c'est pour cela qu'il peut sembler évident de dresser ce parallèle entre les groupes féministes sur cette île et en Palestine. Dès lors, comme on n'entend peu parler de Bernadette Devlin pour l'Irlande, on fait rarement mention de Intissa al-Wazir, cofondatrice de l'Union générale des femmes Palestiniennes, qui a pourtant probablement inspiré beaucoup de mouvements plus tardifs — notamment ceux de Belfast. L'Union générale des femmes Palestiniennes a été fondée en 1965 comme une branche de l'OLP (Organisation de Libération de la Palestine) et continue d'exister aujourd'hui, à Gaza mais aussi avec des branches en Égypte, au Koweït, au Liban et, illégalement, en Jordanie.

Leurs actions sont par exemple documentées dans *Children Nevertheless* (ou *Children without Childhood*) de Khadijeh Habashneh, elle-même engagée dans la résistance par le cinéma. Veuve du cinéaste Mustafa Abu Ali qui a beaucoup filmé la résistance armée, elle a participé à un genre de cinéma similaire en évoquant des sujets légèrement différents. Si son long-métrage *Women in Palestine* a été détruit lors de l'invasion du Liban, on trouve encore son premier court, *Children Nevertheless* qui l'a sacré comme première réalisatrice palestinienne en 1979.

Ce film de 20 minutes parle d'un orphelinat au Liban, mis en place par des femmes de l'Union Générale, notamment pour accueillir les enfants rescapés du massacre de Tel al-Zaartar en 1976. En exil après la colonisation de leurs terres par Israël, puis déplacés de Jordanie, des milliers de Palestiniens ont dressé des camps au nord-est de Beyrouth. Ces derniers ont été assiégés et leur population massacrée par les phalangistes chrétiens. Le bilan est d'environ 3000 morts.

Children Nevertheless n'évoque pas longuement les massacres, même si la parole donnée aux enfants permet de comprendre ce qui leur est arrivé. Sans se centrer sur cet événement précis, la réalisatrice a pour ambition de parler de l'histoire des enfants palestiniens de façon plus large par le mélange d'images d'archives et d'autres filmés dans l'orphelinat. Les données énoncées dans ce film sont assez terrassantes lorsque l'on apprend que la moitié des morts dans ses guerres et exils sont des enfants, que cela soit du fait de bombardements ou de maladies et malnutritions entraînées par la misère du départ. Khadijeh Habashneh expose aussi d'autres affaires sordides dont le travail forcé d'enfants par des colons israélien, avec la complicité de certains membres d'états. Le film est comme chapitré avec des articles d'une déclaration des droits de l'enfants (probablement celle de l'ONU en 1959), rappelant tous les droits dont les jeunes Palestiniens sont privés. Ils sont dépossédés de leurs familles, de leurs biens, d'un toit mais aussi, dès la naissance, d'une nationalité même. Enfants d'aucune terre selon les autorités dominantes, ils ne peuvent plus compter que sur la solidarité.

C'est ainsi que l'orphelinat apparaît comme une initiative aussi belle qu'absolument essentielle. Les femmes qui y travaillent essaient de reconstituer des familles ou d'en créer de nouvelles et prodiguent aussi des cours pour les enfants. Sorti tout récemment, le film *No other land* de Basel Adra, Hamdan Ballal, Yuval Abraham et Rachel Szor montre comment les écoles sont l'une des premières cibles des israéliens, un moyen efficace de détruire l'histoire d'un pays mais aussi, tout simplement, sa langue. L'orphelinat de l'Union Générale des femmes Palestiniennes n'est ainsi pas qu'un lieu de refuge : c'est un bastion politique pour un droit à l'éducation et pour donner un avenir à la Palestine, qui passe évidemment par les enfants. En outre, *Children nervertheless* évoque les traumatismes mentaux vécus par les enfants et expose une réalité terrifiante : une grande majorité d'entre eux sont déjà abîmés à jamais, avec de véritables troubles cognitifs dûs à leur vécu. Un enfant dans le film était dans les bras de sa mère lorsque celle-ci a été assassinée et ce n'est qu'au bout de plusieurs semaines dans l'orphelinat, bien entouré et choyé, qu'il a recommencé à parler ou à prêter attention aux choses autour de lui. Mais on sait que de nombreux enfants n'arrivent pas jusqu'à de tels lieux de paix.

Le film s'affilie bien au cinéma résistant des Groupes du Cinéma Palestiniens en montrant enfin des jeunes qui s'entraînent à manier des armes. Impossible de ne pas penser ici à l'image peut-être la plus marquante de *No other land* : celui d'un enfant humilié et assis de force par un soldat israélien alors qu'il voulait simplement protéger son père en béquilles. Tant de colère et de frustration accumulées dans des générations qui n'ont rien connu d'autres que la guerre ne peut qu'aboutir à une volonté de défense armée. Dans cet esprit, Khadijeh Habashneh reprend des images de *A zionist agression* de Mustafa Abu Ali, celles des cadavres d'enfants, et les ajoute dans son montage dans les dernières minutes. La fin tente pourtant une ouverture sur l'espoir car, à la suite de ces visions de carnages, il montre des enfants heureux, souriants, à l'abri dans l'orphelinat. Le dialogue opéré entre la vie et la mort dans ces ultimes images est absolument dévastateur, et même s'il tente de finir sur une touche d'espoir, c'est en réalité un effroi infini qui persiste : car des enfants vivants ne font que souligner l'abomination de leur mort.

La jeunesse est une première cible et c'est aussi cela que l'on comprend dans *Women in struggle* de Buthina Canaan Khoury sorti en 2005. Ce film collecte les témoignages d'anciennes prisonnières et il est d'ailleurs à lier à l'article "Incarcération des femmes palestiniennes et engagement (1967-2009)" de Stéphanie Latte Abdallah qui revient sur la même génération de femmes emprisonnées et sur les mêmes figures importantes : Aïcha Odeh (emprisonnée pendant 10 ans), Rawda Basir (pendant 8 ans) et Rasmieh Odeh (pendant 10 ans). Le film de Buthina Canaan Khoury suit essentiellement Aïcha et alterne des instants de vie quotidienne et des témoignages face caméra. Dans l'article de Stéphanie Latte Abdallah, on trouve une continuité à *Children Nevertheless* et à cette enfance tellement traumatisée qu'elle ne peut que devenir révoltée :

« *Dans ma tête d'enfant, le retour de mon père était lié au retour de la Palestine. L'un avait disparu parce que l'autre était perdu. Je n'ai pas connu d'enfance ; je passais mon temps en compagnie des adultes, leur demandant comment récupérer la Palestine. [...] J'ai commencé à me rendre aux meetings communistes à l'âge de douze ans, puis, un an plus tard, j'ai rejoint le Mouvement national arabe [...]* ».

Sans partir dans des psychanalyses aussi malvenues qu'à côté de la plaque, on peut aisément comprendre comment le quotidien de colonisé·es mène à une volonté de réponse, plus accentués à chaque nouvelle humiliation.

La jeunesse des femmes de *Women in struggle* lorsqu'elles ont été incarcérées ne les a pas protégées des tortures. Chacune décrit dans le film ce par quoi elle est passée : tabassées, violées, elles relatent que le plus violent était lorsque les soldats ont arrêté des membres de leur famille, soit pour les torturer devant elles, soit pour menacer de les violer, ou ordonnant aux proches de le faire. Ces horreurs, aussi dures à lire ou entendre soit-elles, sont pourtant essentielles à garder en mémoire. Buthina Canaan

Khoury offre ainsi un film important rien que par cette parole qu'il rapporte, des témoignages qui peinent à sortir — on se rappelle néanmoins le succès d'*Incendies* de Wajdi Mouawad qui par la fiction tente de propager aussi ses paroles. Aïcha confie à la fin du film que même si elle n'est pas considérée comme humiliée pour ce qu'elle a subi, car elle était une résistante, cela l'a entièrement changée. Elle explique qu'elle était presque soulagée lorsque son mari a été expulsé car elle ne pouvait plus "fonctionner normalement" avec lui. Elle raconte aussi qu'elle voulait être mère mais ne s'en sent plus capable. Le traumatisme de la prison sur le corps de ses femmes les a écorchées à vie et rendues presque à part dans la société qu'elles se sont battues pour protéger. L'importance et la singularité du film apparaît aussi ici, dans ce choix de voir l'après.

Women in struggle montre surtout la solidarité entre ces femmes. Rawda Basir par exemple confie cela à propos de sa mère :

« *Avant j'étais très proche de mon père mais en prison j'ai ressenti ce qu'était d'avoir une mère et d'être loin d'elle et de son environnement. En prison j'ai réfléchi en profondeur, et à la souffrance des femmes dans cette société. J'ai réalisé combien la mère souffre, elle est opprimée. J'ai commencé à lire et à étudier le mouvement féministe et cela m'a beaucoup rapproché de ma mère* ».

L'article de Stéphanie Latte Abdhalla revient très longuement sur toute la solidarité féminine qui s'est développée dans les prisons avec la protection les unes des autres, l'enseignement de doctrines politiques, l'apprentissage, le prêt d'affaires, etc. Le film de Buthina Canaan Khoury permet déjà de comprendre tout cela. La réalisatrice fait le choix de ne pas laisser la parole au moindre homme — sauf un soldat israélien agressif — et de créer dans la diégèse de son film un microcosme des femmes entre elles. Elles se connaissent, se croisent et ont été emprisonnées en même temps. Le montage lie tous leurs témoignages pour créer un corps collectif de la souffrance, certes, mais surtout un front de résistance. Il n'est pas question d'amalgamer tous ses témoignages mais de montrer à la fois l'aspect systémique des souffrances infligées aux femmes et comment elles s'allient pour les contrer. Il y a une séquence assez magnifique où Aïcha et Rasmieh discutent et rient ensemble, un moment de légèreté et d'amitié salvateur. Il l'est d'autant plus que c'est dans cette même scène que l'on apprend qu'Aïcha a fini par parler lorsqu'ils ont tellement torturé Rasmieh sous ses yeux qu'elle avait peur de la voir mourir. Ce témoignage, bien évidemment bouleversant, en dit long sur le lien particulier qui se tissent entre les femmes, notamment par leur vécu commun tant dans la prison que dans la société, avant et après.

Le film se clôt sur cette phrase d'Aïcha Odeh : « en d'autres termes, tu ne quittes jamais la prison, tu la portes en réalité avec toi », qui illustre des images de personnes marchant le long d'un mur construit par l'état Israélien pour séparer un quartier. *Women in struggle* s'ouvre sur une tension à un check-point alors que la réalisatrice et Aïcha veulent se rendre à Jérusalem et se termine sur un mur qui, on l'apprend, a littéralement séparé des familles. L'œuvre est emprisonnée, symbolisant comment on enferme littéralement mais aussi métaphoriquement les corps et esprits en Palestine. Aïcha dit ne jamais être vraiment sortie de prison dans sa tête, et dans ce territoire il semble que chaque personne est aussi séquestrée d'une façon ou d'une autre. Le film se conclut avec un plan sur un cerf-volant qui arrive à dépasser du mur. L'image peut-être un peu niaise n'est pas sans faire penser encore à Wajdi Mouawad et sa pièce *Tous des oiseaux*, où ces animaux volants expriment à leur manière la destruction des frontières. Sur ce cerf-volant apparaît en fondu une citation d'une prière de Noël que nous traduisons ici : « Que chaque heure nous rapproche d'une victoire finale, pas celle d'une nation contre une autre, mais de l'homme sur ses propres erreurs et faiblesses ».

C'est donc sur un constat résolument humaniste que se termine *Women in struggle*, une conscience que la prison est partout, revêt milles définitions et que les frontières elles-mêmes en sont une. Sans jamais condamner les femmes qui ont posé des bombes à qui elle donne autant la parole qu'elle manifeste une véritable compréhension, Buthina Canaan Khoury ne fait pas un film pour appeler à la réponse armée contrairement à Khadijeh Habashneh. Les deux cinéastes sont pourtant bien en lutte, une lutte qu'elles propagent toujours : Buthina Canaan Khoury fait encore des films et Khadijeh Habashneh protège des archives en coordonnant le projet « Préservation des anciens films palestiniens ». Les témoignages qu'elles donnent à voir et leur mise en valeur des invisibilisées sont remarquables, et chargées d'un discours politique très large sur la colonisation, les frontières, le sexisme, l'âgisme…

Juliette "Antigone"

DIRECTION ÉDITORIALE
Baptiste Demairé
Nino Guerassimoff

RÉDACTION
Valentin Jacob
Baptiste Demairé
Juliette "Antigone"
Nino Guerassimoff
Romain Rousset
Souheyla Zemani
William Delgrande
Virgile Brunet

COUVERTURE
Donatien Remy

MISE EN PAGE
Baptiste Demairé
Kimberley Vilain
Julien Zerovec